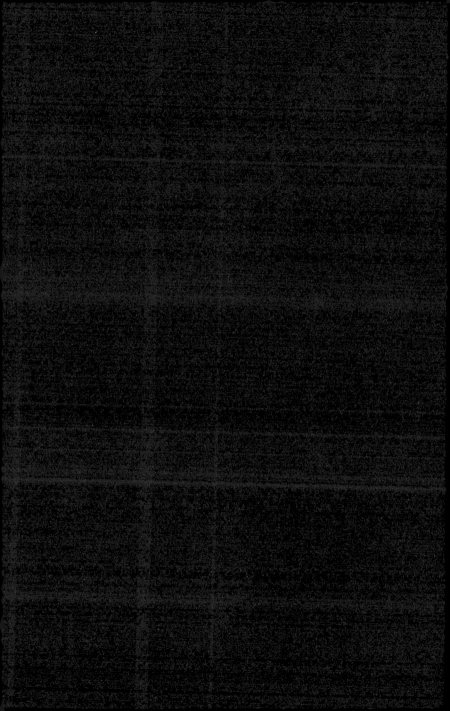

ホスト2.0
歌舞伎町新時代の稼ぎ方

how to earn in a new generation of kabukicho
RYUSEI KUWATA

<small>ニュージェネレーショングループ代表</small>
桑田龍征

幻冬舎

ホスト2.0 歌舞伎町新時代の稼ぎ方

はじめに

DAWN of the NEW GENERATION

2008年7月。22歳。

　私はホストとして大きな波を摑んでいました。1ヶ月の売上は1000万円を超え、在籍していたホストクラブだけでなく歌舞伎町全体でも1、2を争う成績を叩き出していました。
　傍から見れば順調な毎日だったでしょう。でも、私は常に葛藤していました。

　本当は何をやりたいのか？
　本当はどうなりたいのか？
　このまま安定していていいのか？

　悩み抜き、そして私は独立を決めました。

　不良でもない。特別優秀でもない。平凡なサラリーマン一家に生まれた大学生が挑戦した歌舞伎町という世界。次は、この歌舞伎町を背負う男になってやる。歌舞伎町の王になってや

る。
　狂いそうな不安を抱え、私は一歩を踏み出したのです——。

　　　　　＊

　皆さん、はじめまして。

　「日本初！　の現役大学生ホストクラブオーナー」となり、そして今は「日本初！　YouTuberとコラボしたホストクラブ」「業界初！　東京ディズニーシー・ホテルミラコスタで表彰式を行ったホストクラブ」としてTVやWEBでも話題の「ニュージェネレーショングループ」（以下本書中では「ＮＧＧ」と表記します）代表をしております、桑田龍征です。

　現在私は、ホストクラブ５店舗の他にも、バー３店舗、学習塾３校舎、ワインインポート事業、不動産仲介業、WEBコンサルティング業など法人を10社経営しています。
　独立からちょうど10年が経ちましたが、毎年、ＮＧＧは右肩上がりの成長を続けています。私も乗りたい車に乗り、食べたいものを食べ、住みたいところに住み、愛する妻とともに充実した毎日を過ごしています。何よりも仕事が楽しすぎてヤバいんです。

でも、こういうことを書くと多くの人がこう言います。
「運が良かったんだ」「たまたまだ」「ホストのくせに……」

まぁレベルが低い人たちの言うことですからいちいち反応しませんが……でもここではあえて言いましょう。

私は「運よくお金を稼ぎました」という人間ではありません。ここまで来るのに、普通の人の何倍も失敗や挫折を経験してきたという自負があります。

その経験を踏まえて、今の時代にどんな考えと行動で生きていくべきなのかを、本書では伝えたいと思っています。

挑戦なくして成功なし

まず大前提として、リスクを取らなければ勝負はできません。もちろん負けることもあるけれど、勝つと信じて、勝負をするんです。リスクがでかければでかいほど、大きな勝負に出ることができます。

世の中の多くのサラリーマンが平凡な給料なのは当たり前です。リスクを取っていない、リスクを恐れてだらだらと毎日を過ごしているからです。

しかし今の時代、何をしていようがリスクはあります。

　誰が90年代の世界時価総額企業ランキングを見て、今の日本の状態を想像できたでしょうか。あの時代はトップ20がほぼ日本企業。日本が世界金融の中心だったのに……。

　最近では毎年毎年、有名企業が大規模な人員削減を発表しています。サラリーマンをやっていても、30年後にその仕事、その会社があると言い切れるでしょうか。

　つまり現代は、「個人で勝負する」時代に突入しているのです。仕事を通じて、自分のスキルと経験を積みまくって、勝負する。挑戦する。人生100年時代、今勝負しなきゃずっと怯えて生きる時代が待っています。

　ホストの人生って、失敗の連続なんです。

「指名されないなぁ」「お客様が全く喋ってくれなかった、あぁ、辛い」

　でも、この程度のことを失敗だと思っているのなら、それは失敗ではなく行動していないだけです。何か行動をしたからこそ、そこにエピソードが生まれ、自分の糧になる。ホストとい

う生き方は、チャレンジの連続なのです。

「今が楽しくない」という人。その理由は、新しいことをしてないからです。

　ホストだって、いくら普通の人から見れば刺激的な毎日を送っているとしても、同じことを毎日していたらつまらない。毎日毎日、「今日はこんなメッセージ送ってみよう」とか「こんな風にナンパしてみたらどうか？」とか考え続け、実践し続けています。

　そうやって新しい実験、体験を続けるから、人生は刺激があるし楽しいんです。

社員はイケてるビジネスパートナー

　よく驚かれるのですが、ＮＧＧでは、旧態依然としたマネジメント、運営はしていません。コーチングマネジメントを軸に、社外から様々な人材、研修方法を採用し、最新の情報に常に耳を傾けて組織マネジメント・人員マネジメントを行っています。

　そこで何よりも大切にしているのが、「夢を持っていること」。

ＮＧＧは個人の夢を形にするべく活動をしています。古い体質の、会社や人にぶら下がっていく組織ではなく、自分自身の夢とゴールを描き、私たちＮＧＧと夢を共有することで、互いに夢を形にしていく組織を目指しているんです。

　ですから、私の会社の社員やホスト、アルバイトは従業員ではありません。「ビジネスパートナー」なんです。私は、そもそも「従業員」なんて概念はなくしてしまい、全員、個人事業主か法人社長になってしまえばいいと思っています。

　そうしたら、何が世界に起こるでしょうか？
　各々が各役割で責任を持ち、タスクを処理していく。そんな、マトリックス型の組織運営ができますよね。

　ＮＧＧで学び、体験したことを、自分のやりたい事業で活かしていただいて全然構いません。むしろその方がもっともっとグループが大きくなる。ＮＧＧとは、夢を叶える集合体であり、この時代の最新のイケてるビジネスパートナーが集うとてつもない集団になりつつあるんです。

人とは一石二鳥で付き合う

　私は、社会に出た後は、一般的な友人関係よりも仕事面で互

いにメリットのある友人関係の方がどんどん仲良くなっていくと確信しています。いわゆる win-win の関係ですね。仕事を全力でやっている人と関わることが、自身の夢を最短で叶えることに直結するからです。

　もちろん学生時代の友人との時間も楽しいです。

　でも私の行動原理は、「一石二鳥」。いや三鳥、四鳥にならないか常に考えています。要するに「楽しい＋α」を求めているのです。

　友人はたくさんいます。しかし、必ずしも同じ人のみと仲良くしつづけるとは限りません。それは一緒に時間を過ごしていく中で、「本当に魅力的だな」と思える人としか付き合っていないからです。必然的に、私にとって魅力的であり続けている人が、私の周りにはたくさんいます。

　もちろん、途中から魅力的ではなくなってきてしまう人も中にはいます。そういう場合には、私から強めのフィードバックを行い、元の輝いている自分に戻ってもらうよう努力します。なぜなら、私自身も、彼にとってそうなっていたら言ってほしいと思うからです。

それこそ真の友人関係だと思います。
そんな感じでいつも魅力を磨き合っている私たちみたいな、ずぅーっとイケてる人たちが老人になったらどうでしょうか？そんな楽しそうな日本、わくわくしませんか？

ＮＧＧにはこんな人たちがいます。

アホみたいに稼いで、アホみたいにいい時計して、アホみたいにいい車乗って、アホみたいにいい服着て、アホみたいにいい家住んで、アホみたいにいい飯食べて、アホみたいにいい酒飲んで、アホみたいにいいとこ行って、アホみたいに面白い。

私はこのグループのトップです。だからこそ、彼らの羅針盤となるよう常に新しいことを発信し、常に新しいことを知り、常に新しいことに挑戦するべきだと考え、実践しています。

本当の夢からやりたいことを決めていますか？

ホストたちは、なぜ成長速度が速いのか？

それは、とにかくたくさんの人に会えるからです。

たくさんの人に会えるとなぜ成長するのか？

それは、たくさんの人に自分の魅力を伝える努力をするからです。自分が魅力ある自分に自然になっていくのが実感できます。ホストは時間を売っています。「一緒にいる時間」「連絡を取り合う時間」「時に営業外でも一緒に過ごす時間」ここに相場は存在しません。売り上げには天井がなく、お客様が自分に使いたい、使った金額が売り上げとなり「価値」となります。相場もないので、自分には自分にしかつかない価値がつくのです。

　この世の中、夢を叶える人は一握りです。

　私の夢はサッカー選手でした。高校時代はもちろん、大学に入ってサークルでサッカーをしている時でさえ、チャンスさえあればプロに……と考えていました。

　でも、考えていただけでした。実際は行動しなかった。

　日本代表の長友佑都選手。彼は高校時代、全国選抜に招集されず、さらに明治大学に進むも椎間板ヘルニアを発症。しばらくは応援席で一生懸命応援しているしかありませんでした。そのシーンは今でもよくメディアに取り上げられます。しかしめげずに体幹トレーニングなどを重ね、復帰してからは、全日本

大学選抜に招集されるなどメキメキと頭角を現しＦＣ東京に入団。さらにはイタリアのチェゼーナ、そしてビッグクラブのインテル・ミラノへと移籍します。

　なぜ彼がここまでの成功を収めたのか？

　その理由は、「夢を夢から決めたか」「夢を現状から考えたか」この２点の決定的な違いにあると私は考えています。

　ＮＧＧのコーチングでは、夢や目標を決めてから現状分析して、イシュー（課題）を導き出します。

　しかし多くの人が「今の現状の自分」から夢を決めます。

　長友選手は明治大学サッカー部のレギュラーから外れた時も、現実から夢を設定せず、ひたすらにビッグクラブや日本代表でプレーすることを夢見続けたのです。そうして、「行動し続けた結果」が今の彼なんです。

「夢がない」と嘆く大人たち、「夢を持てない」と嘆く若者たちへ言いたい。

　本当の夢から「やりたいこと」を決めていますか？

どこかで現状の自分から「やりたいこと」を決めていませんか？

　本当はフェラーリに乗りたいのに、現状からトヨタのプリウスを選ぶ。本当はタワーマンションに住みたいのに、現状からアパートの３LDKに住む。本当は女優と付き合いたいのに、身近にいるという理由だけでパートナーを選ぶ……。

　もったいない。そしてつまらないとは思いませんか？

　ＮＧＧは、夢を大きく持つ若者をどんどん増やし、希少性の高い人材を多く輩出します。そして、日本中が夢にあふれた若者たちで構成された輝く日本にしていくことが目標です。

「ホストクラブのオーナーふぜいが何言ってんだ！」
　という声が聞こえてきそうですが、関係ありません。
　60年以上前、ウォルト・ディズニーは親と子供が一緒に楽しめる夢の国「ディズニーランド」を作りました。ディズニーランドは永遠に完成しません。この世界に想像力が残っている限り。
　2019年１月、ＮＧＧは東京ディズニーシー・ホテルミラコスタで、ディズニーキャラクター勢揃いの表彰式を行い、夢だったコラボを実現しました。

夢を描けば必ず実現できる。夢を発信し続ければ必ず叶う。私が本書で伝えたいことはここにあります。

◆本書の読み方

最後に本書の読み方について。
1ページ目から全部読む必要はありません（もちろん読んでもいいですが）。
私がどんな人間かを知りたい人は第1章や第4章を、ホストクラブがどんなところか知りたい方は第2章を、人付き合いがうまくいかない、部下の育て方がわからない、そんな人は第3章を。そしててっとり早くモチベーションを上げたい、気合を入れたいという人は第4章を。
読んで、面白かったら他のページも読んでみてください。

本書を読んだあなたが自己実現のための第一歩を踏み出せるよう、願っています。
そしてぜひ一度、NGGに遊びに来てください。きっと何か感じるものがあると思います。

2019年2月
ニュージェネレーショングループ代表
桑田龍征

目 次

はじめに〜 DAWN of the NEW GENERATION 〜／3

第 1 章　お金の本質

- ◆ お金とは何かを学んだ「おばあちゃん家(ち)の行水」／22
- ◆「もったいない」「もっと安くてええもんある」／24
- ◆ 周り舐めるのもええ加減にしいや！／26
- ◆ あのお爺ちゃんは本当のお爺ちゃんじゃないねん／29
- ◆ 酒乱の父につけられた尻のあざ／32
- ◆ 私服がダサい／35
- ◆ 鬼の居ぬ間に養った決裁力とお金への執着／38
- ◆ お金がないと、自由なのに不自由／41
- ◆ 何かを得るためには犠牲を払わなければならない／45
- ◆ 大学受験から脱落し、何もない自分に気づく／47
- ◆ ギャンブルに手を染める／50
- ◆ 借金アホ学生から伝説のホストへ／53

第2章　騙し騙されのエンターテインメント

1．ホストクラブ10年間の変化

- ◆ お金で愛を買う客と、愛をお金で売る男の取引所 ／60
- ◆ 昔の歌舞伎町と今の歌舞伎町 ／63
- ◆ 上には上がいる！ ／64
- ◆ 朝方に響く乾いた銃声よりも怖いもの ／66
- ◆ 全身包帯ぐるぐる巻きの女性 ／67
- ◆ 母娘で毎月1000万円使うお客様 ／69
- ◆ 外資系金融企業副社長（男性）のご来店 ／72
- ◆ 騙されたくない人は来ないでください ／73
- ◆ スマホとSNSで変わる歌舞伎町 ／75
- ◆ ホストの契約形態ってこんな感じ ／79

2．男は稼いでから見栄を張る。
　女は稼いでなくとも見栄を張る

- ◆ 女性がホストクラブに来る理由 ／82
- ◆ 嫉妬型エンターテインメントで本物の喜怒哀楽を楽しむ ／84
- ◆ 心に闇を持っている人こそ魅力的 ／86

3．本当にモテる人は何をしているのか？

- ◆ 場数を増やせ ／92
- ◆ セルフイメージ、キャラ設定をしっかり作れ ／93

- ◆ 人見知りは言い訳 ／95
- ◆ 自信がなかったらターゲットのレベルを下げる ／97
- ◆ 出会いの数だけ人は成長していく ／99

4．なぜ独立したのか？

- ◆「損して得取れ」No.2 時代に培った仕事意識 ／103
- ◆「安定」が私を蝕み始めた ／106
- ◆ 独立の入り口へ吹いた追い風 ／109
- ◆ ホストクラブを作るには何が必要か ／111
- ◆ 独立後の10年。自身との闘い、国税との闘い ／114

第3章　ホストクラブのマネジメント

- ◆ 人は見かけによらない ／120
- ◆ 私が付き合う上で大切にしていること ／121
- ◆ プレイヤー第一主義にメスを ／123
- ◆ ホストクラブ初のキャリアパス制度 ／125
- ◆ 業界初、コーチングの導入 ／128
- ◆ 社外コーチング「株式会社 CLI 代表　南勇大」との出会い ／131
- ◆ 研修は自分を変えたい人だけ出ればいい ／133
- ◆ 現場に出ずに、現場を見える化する ／134

◆ 「なんでも社内完結」の時代じゃない ／136

◆ 多角事業化とパラレルキャリアを重宝 ／138

◆ 社外 WEB コンサルタント「StockSun 株式会社代表　株本祐己」／139

◆ フリーランスの時代がやってきた ／141

◆ 5年以内に100億円企業、社員25人を全員社長へ ／144

◆ なぜ学習塾「武田塾」を経営するのか ／145

◆ 勉強も仕事も「自学自習」が肝 ／147

◆ ホストクラブ⇔塾双方向でノウハウを活かす ／150

◆ ロールモデルをたくさん持とう ／152

◆ 1年後、もっとすごい自分でいるために ／154

◆ 共感してくれる人を捕まえ、夢を語れ ／155

第4章　言葉にできなければ意味がない

ボクサーは手数、ホストは口数。／いつも忙しぶれ。／やりたいことをやるのが仕事。／モチベーションは48時間で下がる。／汗を出せ。／自分が苦手だと思う人に好かれろ。／こだわっているか？／1日を2回楽しめ。／息継ぎしている暇はない。／見えない努力は必要ない。／孤独な金持ちにはなりたくない。／闇がある人こそ面白い。／朝起きたら1分間何者になるべきか考えろ。／信頼は、スピードで勝ち獲れ。／木こりは錆びた鋸で、木を切り続ける。／修羅場に飛び込め。／自己をアップデートし続けろ。／凹んだ時は、とことん凹め。／引きずられるな。／当たり前にこそ、疑いの目を向けろ。／

正解なんて誰が決める?「俺は俺」だ。／愛されることだけ考えろ。／ライバルはルーニーだった。／成果を出すことと、正当な理由は相反する。／覚悟が効率を上げる。／裸になれ!／何かで勝てばいい。／完璧は必要ないが最高を目指せ!／見たい景色を見ればいい。 なるべき自分を、決めろ。／No.1は、孤高の存在。

おわりに〜 Over the Limits... 〜／174

装丁　舘山一大
DTP　美創

第 1 章

お金の本質

host 2.0
RYUSEI KUWATA

お金とは何かを学んだ
「おばあちゃん家の行水」

そもそも「お金」とはなんでしょうか？

幼い頃の私の家庭は、決して裕福ではありませんでした。その記憶をもとに、この章では「なぜお金を稼ぐのか」「お金とは何か」について考えてみたいと思います。

私は大阪の鶴見区で生まれ、2歳までは奈良で、その後は横浜のあざみ野で育ちました。

父は兵庫、母は大阪出身というコテコテ関西家族に生まれた私は、幼い頃から関西人特有の金銭感覚を叩き込まれました。

何かと「もったいない」。そして「高くていいものより、安くてええもの主義」。

この2つの教えは特に体に刻まれています。

大阪のおばあちゃんの家にはお風呂がありませんでした。私と弟はおばあちゃんの家に遊びに行くたびに、5歳くらいまで

は銭湯にも行けず、たらいでお湯浴びをしていたのです。当時それを家族の中では「行水」と呼んでいました。

「お湯出しっぱなしにしたらあかんよ、たらいの中のお湯だけで済ますんやで」

というおばあちゃんの言葉、そしてちょうど座ってへそまで浸かるくらいの湯量でパシャパシャと全身を洗っていたことは面白おかしくて、今でも鮮明に覚えています。小学校へ上がると、たまの大阪帰省の際に銭湯に入れることが楽しみの1つになりましたが、贅沢品のコーヒー牛乳を腰に手を当てて飲むなんて当然許される家庭ではありませんでした。

お湯1滴、小銭1円、米粒1つ粗末に扱うなという環境で育ったのです。

おばあちゃんの家にはトースターもなく、食パンをフライパンで焼いていたのを今でも覚えています。ハイテクなオーブントースターなんて買うのもったいない、フライパンで十分や、っていう人でした。

「もったいない」
「もっと安くてええもんある」

　幼稚園の年長さんになった頃。私は毎日とにかくお腹が空いていました。ご飯は貴重なもの、食べられるだけでも感謝しなさい。こんな感じの家庭で育てば、みんなこうなりますよね。

　とにかく「食」への欲求が止まりませんでした。

　毎日のご飯タイムがとても楽しみでしたが、とはいえ、お菓子、間食が好きなわけではなかったのです。なぜならご飯をしっかりと食べて満腹になると、親や祖母がたくさん褒めてくれたからです。大きくなるために、とにかくご飯を食べなさい、と教えられました。

　そう、友達を家に連れて帰った時は、幼稚園児4人だけで焼きそばを14玉もたいらげたこともありました。

　これは後から聞いた話ですが、この頃の私を連れて回転寿司に行ったら38皿も食べたり、ファミレスに行ったらハンバーグ定食を食べ終わった後、毎回「おかわり」と言っていたようです。それに懲りた母は、外食にはなるべく連れて行かずに、家

で食事を取らせるようになったとか。そうして、外食も月に一度の特別な行事になりました。

　私はとにかく「もったいない」「ご飯は貴重」という教えのもと、常に飢えている状態に置かれたのです。この感覚は今でも鋭く残っていて、私が不機嫌になるのはお腹が空いた時だけだと自覚しています。

　食事以外のことでも、たとえば幼少期〜成長期に至るまで、靴のサイズや服のサイズが変わり近所の洋服屋に行くたび、母は値段と相談して安い方を購入していました。

　そして、子供の前でも経済界の話から芸能人の金銭感覚にいたるまで、TVから流れてくる情報をお金の価値の観点から解説する両親の会話に聞き耳をたてる生活でした。中でもよく耳にした言葉が、
「もったいない」「もっと安くてええもんある」「よそはよそ、うちはうち」
　でした。

　そんな家庭でしたが、クリスマスには、子供3人に毎年いろんなものを買ってくれました。私たちにとっては、一年に一度好きなものをサンタさんが持ってきてくれる待望の日でした。

日々の生活では何一つ、欲しい欲しい、買って買ってのおねだりが許されない桑田家の子供たちにとっては、それはそれは重大な一日だったのです。

　ファミコンからNINTENDO64まで急速な成長を見せるゲーム世代に生まれた私たち。たまごっちやデジモンも宝物のように扱ってました。

　しかし親たちも、こんな腹を空かせた子供たちを３人も養っているので、クリスマスのプレゼント一つ買うことも大変だったのでしょう。

　クリスマスの最後の思い出は突然に訪れました。学費に追われた母（サンタ）は最終手段で、小学６年生の私に動物スリッパを持ってきたのです。あの時のことは今でも忘れません。
　あぁ、僕のサンタは死んだんだなぁ、と。

周り舐めるのも
ええ加減にしいや！

　母親は、幼少期はとにかく何をするにしても厳しかった記憶があり、良く言えばいつも過保護なくらい見守ってくれていた

印象もあります。小さい頃はよくお腹が痛くなって、3、6、9歳と3年おきに腸重積、腸ヘルニア、腸ヘルニアを患いましたが、わざわざ横浜から広尾の日赤病院まで連れて行って手術を受けさせてくれました。

子育てということに関しては余念なく、本当に愛されて育ったという恵まれた家庭でした。反面、母はとてもプライドが高い人に見えました。とにかく要求レベルが高かったのです。息子を1番にしたいという熱意が、異常なほど高いと幼いながらに感じていました。

母は「歯に衣着せず」に物申すタイプでした。関西人であることも多少は影響しているかもしれません。電車待ちの列に割り込む人にも言うことは言うし、費用対効果が出なければ習い事の先生にはしょっちゅう要望を出していました。

幼稚園時代から小学4年生にいたるまでに通った習い事は、ラグビー、水泳、サッカー、バイオリン、ピアノ、エレクトーン、英会話教室、塾などなどなど。中学受験に成功できた地頭は、習い事で形成されたのかもしれません。

しかし、どのジャンルでも私は一等賞ではありませんでした。1位が取れなかったのです。

特に印象的なエピソードがあります。長距離が得意だった私は小学1〜4年生まで、年に一度のマラソン大会で学年2位か3位、という好成績をあげていました。しかし、母から言われるのはいつも「あと少しで1位なのにね、どうやったら1位を取れるのかしら？」という一言でした。

　小学校5年生の時、私は初めてマラソン大会で手を抜きました。正確に言うと、ちょっと面白くしようと思い、最初から全力で走らず後からゴボウ抜きしてやろうという、遊び心を持った挑戦をしたのです。

　結果見事に期待外れの12位となり、応援しに来てくれた母から「ふざけとるんか!?　あんなダラダラ走って1位取れると思ったんか！　周り舐めるのもええ加減にしいや！　ずっと2位、3位で今年こその思いで応援してた気持ち返せ！」と雷を落とされたのです。

　この出来事は結構衝撃でした。やはり長男坊の私に期待を込めて見守ってくれているのだという母のメッセージであると感じると同時に、どんだけ負けず嫌いなんだという思いでした。
　ガッカリさせてしまったのと、自分自身母の期待に応えられなかったこと、むしろ期待していてくれたことに気づいてなか

った自身の甘さに後悔しました。

能ある鷹は「爪を隠す」のではなく「爪を研ぎ澄ませ続けなくてはならない」ことに気づけたのです。

あのお爺ちゃんは本当のお爺ちゃんじゃないねん

その後6年生になる前に、母と当時通っていた中学受験の塾で三者面談をした時も印象的でした。

中学受験のため塾に通い始めたのは私からの提案だったと母は話しますが、実際は母の情報操作によるものだったと内心思っています。「公立中学に通う子はみんな不良になるんやで」。常々この言葉を言われていた気がするからです。結果、ビビッて中学受験を決心したのでしょう……。

「周りがアホな人だと自分までアホになる。中学受験には、将来すべてがかかってるんやで!?」と母はいつも血眼で私に言っていました。母がここまで教育熱心だった理由は、26歳になるまでわかりませんでした。

26歳になったある日、実家に帰っていた私に母が突然衝撃の一言を告げたのです。その時の会話は確かこんな内容でした。

「同級生がそろそろハゲてくるだろーなー、30歳になると。俺ハゲないかな？　お爺ちゃん、ハゲてるじゃん？」
「あんたは大丈夫や、ハゲへん」
「いや、お爺ちゃんハゲてるからワンチャン遺伝あるでしょう？」
「いや、大丈夫やねん、あのお爺ちゃんは本当のお爺ちゃんじゃないねん」
「……え？」
「うちの（私の）お爺ちゃんおるやろ？　あれな、あんたの本当のお爺ちゃんじゃないねん。あのお爺ちゃんは、私が生まれた後に再婚した人で、あんたのお爺ちゃんは別におるねん」

　最初なんの話をしているのか？　そんなドラマチックな話がこの家庭にあるのかと疑いました。しかしあったんです。26歳の私は本当のお爺ちゃんがどんな人か気になり、連絡を取り、趣味だというゴルフに行こう、と誘ったのです。

　会った時、納得できました。私は身長181cmです。いつも不思議でした。両親も祖父母も誰一人身長が高くなかったのです。お会いした祖父は、驚くことに丸っきり私を老けさせた感

じでした。高い身長も、痩せ型なことも、輪郭も……何から何までソックリだったんです。

　さて、母のプライドの話に戻ります。この祖父が大きな原因だったのです。

　母が生まれた直後に祖母と離婚し、別の家庭を作った祖父。その家庭だけでも飽き足らず、愛人との子供を55歳で作ったのです。

　祖父は大手商社の役員でした。地位も権力も、財力もあったそうです。

　かたや母は、再婚した祖父母とともに大阪の長屋で風呂なしの生活を、私の父と結婚する24歳まで続けたのです。そのことを恨んだりしたこともあったのかな、と想像ですが感じました。それでも今は、実の父と割り切った関係を保っている母はさすがだと思います。

　大阪には、もったいない文化、安くてええもん文化が根付いています。米粒1つ残したら「お百姓さんの顔を思い出せ」と言われ、お湯1滴も無駄にせず洗濯に使っていました。

それはそれで幸せだったと思います。が、母はきっとそれでも捨てられた印象が残っていたのでしょう。我が子だけにはそんな思いをさせないように、大切に、愛情を持って、貧乏だけど誇りを持った男に育ててくれたのです。

私たち兄弟が成功することこそが、母なりの祖父へのちょっとした復讐だったのではないかな……と今は感じています。ですから今は、「母ちゃん、俺がやったるで‼」という想いを強く持っています。

酒乱の父につけられた尻のあざ

さて、ここからは父の話です。

幼少期から思春期にかけて一番の恐怖は父でした。私の父は兵庫県加古川市生まれで、これまたなかなか厳しいお家で育ったそうです。愛媛大学を出た後、大手証券会社に就職し、バブル崩壊後の不安定な経済状況の中で、リストラを回避して現在も働いている立派な父です。

そんな立派な父は、夜になると、いわゆる酒乱でした。お酒を飲むと人格が変わってしまうのです。

第 1 章　お金の本質

　私が幼い頃は、酔っ払って帰ってきては、ジョリジョリの髭を肌に擦りつけてきて、私たち兄弟が嫌がると大声で罵られました。時に理不尽な暴力を受け続けた時期もありました。今でも消えないお尻のあざがあります。

　子供は、恐怖を感じると泣くのではなく、ひっそりと身を縮こめるものです。

　父と母はしょっちゅうお金や育児、仕事のことで言い合いをしていました。本人たちから言わせれば夫婦喧嘩と片付けられてしまうかもしれませんが、怒鳴り声をあげて近所の人たちが心配して来るレベルなのです。私たち兄弟は、いつも喧嘩が始まると狭い家の中でなんとか火の粉がかからぬように過ごしていました。

　そのせいか、それがちょっとしたトラウマになっていて、大きな足音や、扉をバタン！　と開ける音は今でも苦手です。

　そんな父ですが、空気を読まない、という素晴らしい長所もありました。サッカーの試合や、マラソン大会に1人で来ても大声で手を振り回して応援してくれていたのです。当時は小っ恥ずかしい思いをしましたが、今となってはホッコリする思い

出です。

　中学・高校時代になってからは、リストラの危機などもあって父の様子が変わり、事あるごとに私は嫌味を言われるようになりました。父は私のやってないこと、できていないことばかりを指摘するようになったのです。

　自信をなくすと同時に、早くこの人のもとから離れたい、という願望が芽生えました。何かケチをつけたら拳が飛んでくることはしょっちゅうでした。

　中学時代に友人が遊びに来た時のことです。ゲームをして遊んでいたら、何か気に入らなかったんでしょう、父に「宿題やったんか？」と言われました。私はなんの気なしに、
「うるさい、後でやるから」
　その瞬間、
「親に向かってなんやその台詞は!!!」
　父は怒鳴り声をあげ、私を友達の目の前から奥の部屋へ連れ去り、どでかい音がなるほどのビンタを浴びせました。その日から「桑田の家は、マジで怖い」って話が学校で広まったのは、なかなかのネタ話です。

私服がダサい

　私が中学受験を志望し、大手学習塾「日能研」で受験勉強を始めた頃、ある事件が起きました。山一證券の破綻です。

　この事件の詳細はWEBなどで調べていただきたいのですが、日本全体を揺るがした日本４大証券会社の１つの破綻は、桑田家にも多大な影響を与えたのです。父は別の大手証券会社で働いていました。

　普段から関西弁で夫婦喧嘩する両親が、危機感を抱きまくり、毎日リストラと将来への不安とたまの離婚話で、スーパーヒステリック家族になっていきました。私が受験勉強をしている隣で、怒鳴り声で時事問題から離婚訴訟にまで触れる家族。強烈でした。

　この頃から私は将来への不安を強烈に意識し始めます。「勉強しないとホームレスになってしまう」と……。

　なんとか父は2000人規模のリストラを免れましたが、私が東京の私立中学に入学してからは、父の収入だけでは足りなくなり、母も常勤で歯科衛生士の仕事をするようになりました。母

が仕事を始めると月曜から土曜は家に両親がいないこともしばしばでした。両親ともにお金を稼ぐことで忙しく、家族旅行も、父の会社の保養所か、大阪のおばあちゃんの家にしか行っていませんでした。

　お小遣いも中学時代に月2000円、高校に上がってからもマックス5000円でした。そして私は中学・高校で東京の富裕層の同級生と付き合うようになっていたため、今まで気づかなかったことに直面します。

「うちはお金がない」

　お小遣いで、コンビニや下北沢の洋服屋（古着屋）で好きなものを買う友人たち。私は今まで母に服を買ってもらっていましたが、たいてい、ジーンズメイトやライトオンで購入してきた、安いものでした。友人たちが買う服は、古着といえども私の小遣いだけではとても買えない金額のものばかりだったのです。

　さらにこの時の私は同じ学校に通う女子生徒と遊んだり、男子生徒と遊んだ時に、あるコンプレックスに悩まされます。

「桑田は私服がダサい」と言われたのです。うちはお金がない

から仕方がないとはいえ、多感な年頃の私は大いに傷つきました。とはいえ、共働きの両親に「カッコつけたいから高くていい私服を買っておくれ」なんて伝えたら、大目玉を食うでしょう。

　私はそれ以来、なるべく私服は着ないよう、制服でいる時にしか友達と遊ばなくなっていきました。

　私立中学に通う同級生の平均世帯収入はだいたい1400万円以上、対する私の家庭は共働きで1000万円。家のローンもあるし、私立に通うことはできても決して余裕がある生活ではありませんでした。私以外の兄弟二人も私立に行かせたら、そりゃ大変です。

　その後2000年8月、会社から父にある指令が言い渡されます。大阪支社への異動。単身赴任です。

　幼少期から父は怖かった。酔っ払って帰ってきては殴られ蹴られ。気に入らないことがあれば、関西弁で怒鳴り散らす毎日。父は常に「恐怖の対象」でした。そんな父がいなくなる。私は心の中でガッツポーズをしました。しかし、父はこの時本当に大変な状況にいました。

父はもともと和光証券という会社にいました。その後和光証券と新日本証券が合併した新光証券所属に。さらにみずほ証券へと会社が変わっていく、という激動のまっただ中にいたのです。当然、父もリストラになるのではと思っていた矢先でした。首の皮一枚繋(つな)がった状況での、単身赴任命令だったのです。

鬼の居ぬ間に養った決裁力とお金への執着

　父の大阪への単身赴任期間は2年間でした。この期間の家では、そんな鬼がいなくなりましたので、私が一番の権力を握るようになります。といっても母や弟をこき使うとかいう意味ではなく「夕食を決める」などの決定権を持てるようになったのです。

　母は「夕飯何食べたい？」と毎日のように私に聞いてきました。その都度食べたいものを胃袋と頭で考える毎日。この「自由さ」だけでもとてつもない自由を得た気持ちでした。

　自分で何かを決められるということは、私のアイデンティティに深く根付いていきました。

ご飯だけでなく、風呂に入る時間、日曜に起きる時間、寝る時間……ありとあらゆることに自由が与えられ、自由に決めることができることに一種の解放感と充実感を得ます。

　とはいえ、この頃の私はまだまだ自己管理能力が欠如していました。テスト勉強も一夜漬け、今のようにスケジュール管理もしてなかったので、健全な生活とは程遠い状況でしたが、「自分で決められること」にどんどん惹かれていったのです。

　どういう経緯かは忘れましたが、文化祭でたった1人で女子高生の格好をしてパラパラを踊ったり。家の目の前を流れる河川がどこに繋がってるのか気になって、真っ昼間から自転車ではるか遠くの駅まで行ったり。サッカーゲームを父に文句を言われることなく17時間くらいぶっ続けでやったり。

　とにかく鬼の居ぬ間にありとあらゆる自由を感じ、好きなことをやりまくったのです。しかし、そこであることにふと気づきます。

　自分は今、自分でできることの内側でしか自由ではない。

　新しいスパイクが欲しいと思っても買えない。そういえば目

も悪くなってきたのに、コンタクトも買えない。ボールが見えない。サッカーがうまくなれない。パソコンや携帯電話が欲しいと思っても、親の許可が必要。好きな人ができても、私服がダサいので告白できない。買い物慣れしてないから服のセンス自体が不安。

でも、そういうことも全部、お金があれば解決できるんじゃないか？

早く稼ぎたい！　大人になりたい！　稼げば自分の好きなものが買える！　稼げば親にも文句を言われない！　むしろお金を家に入れれば感謝されるのではないか？

この時から私のマインドは、勉強というベクトルから、お金を稼ぐというベクトルにシフトしていくのです。

両親からも自立心とお金さえあれば離れることができる。今の環境を変えられる、という執着心に似たものが、今日でも私にはあるのでしょう。

両親にはここまで育ててもらってとても感謝しています。けど、本当に早く家を出てよかったなとも思ってます。あのまま家にいれば、いつまで経っても私は小さな男の子のように、怯

えながら生活しなければならなかったでしょう。

桑田家は離れて暮らして初めて、「敬意と感謝」を持ってお互いに接することのできる、適切な距離感を保った家庭になれたと私は解釈しています。

親が育て、子が育つには、自立した環境に身を置くことも大切です。

私の中で「もっともっと稼がなくてはならない」という欲求が常にあふれてくる本当の理由は、もしかしたら「両親を見返すため」と「両親への感謝」がイコールで結ばれているからなのかもしれません。

お金がないと、自由なのに不自由

さて、私の入学した、私立・國學院久我山中学・高等学校は、両親に負けず劣らず厳しく、古いしきたりのある学校でした。

校則も他の公立や私立に比べ自由度は極端に低く、髪の毛は染髪はNG、眉毛にも耳にもかかってはいけない。学ランのホ

ックもワイシャツのボタンも開けてはならない。女子と一緒に帰ってはいけない（学校は別学という、男女で校舎が別というスタイル）。タバコ・酒・カンニング・不純異性交遊は「四悪」と言われ、一発退学行為とされていました。

こんな学校での楽しみは部活しかありません。サッカーが好きだった私は、最初はとても充実した毎日を過ごしていました。

しかし、中学３年時に転換期が訪れます。なんと、23名の東京大会メンバーから外されてしまったのです。目標を見失い、居場所まで失うことになります。ふてくされた私は部活をサボり、繁華街で遊んでいるところを先生に見つかってしまうのです。

その後顧問の先生に今後どうするかを問いただされ、サッカーをしたいが自分を認めてくれない部の方針に嫌気がさし、退部してしまいました。

サッカーがうまくいかなかった理由はいろいろありました。
まず一番の理由は、私自身が本気でサッカーでの成功を、本気でプロ選手を目指していなかったこと。
そして、当時背は伸びていましたが、体が横に全く広がら

ず、筋肉のないひ弱な体型であったこと（にもかかわらずプロテイン以外の栄養の知識がなく、炭水化物ばかり摂取）。

さらに目が悪くなっていたのにコンタクトを買えず、親にもそれを言えなかったこと。ボールがはっきり見えない中でプレーをしていました。スパイクの底がすり減ったって、新しいスパイクを買ってと言えなかった。

結局何をするにしても、お金の問題がつきまといました。今みたいにスマホを使い、インターネットで安いものを見つけられる時代でもありませんでした。

部活をやめ、高校受験もない私は、渋谷などの繁華街に繰り出してはお金もなく、何もすることのない**自由なのに不自由な時間**を中学3年が終わるまで続けていくことになります。

高校に入ってからも、特段目標が見つからない毎日でした。サッカー部に出戻りはしたものの、高校サッカー部には120名近くの部員が在籍し、AからFチームまであるという状況。私が上り詰めるには高く険しい山でした。

こんな感じで何かを諦めるたびに頭に浮かぶ原因は、すべて「お金がない」。私は常にこのせいにしていました。今思えば、もっと本気で目指していれば、両親のサポートも得られただろ

うし、もっと自分でもできたでしょう。

　ただ、私はこの「お金がない」という理由にすぐ逃げられる状況が、居心地が良かったんだと思います。そうやって学生時代をどっちつかずで進んでいました。

　高校２年生の時。部活が終わっても小銭もなくお腹も空きすぎている状況でしたので、私はある決断をします。

　それが学校帰りに居酒屋「和民」でバイトすることでした。初めてのバイトは時給810円のホール業務。部活で必要なスパイクやユニフォームを揃え、部活帰りにコンビニで好きなものを好きなだけ食べることが目的でした。

　居酒屋はなかなか厳しい仕事で、近くにオフィスや大学が多数あり、毎日てんてこ舞いでした。仕事にも慣れたある日、店長から、人手が足りないのでホールからキッチンへ異動してくれ、と命じられます。

　その後は怒濤のごとく部活後のシフトに入りまくり、キッチンも焼き場から始まり、刺し場、揚げ場、調理場、という4ステップを網羅し、いつのまにかすべてのポジションをマスターすることになりました。

店長が仕事を与えてくれたことと、自分で初めて稼ぐという実感、そして仕事を覚えるたびに時給が上がる（10円単位でしたが）評価制度による働きがい。

　ここまで頑張れたのは、お金を得るだけではなく、**自分が必要とされる場所を初めて見つけられた**からかもしれません。しかし、このアルバイトに集中するあまり部活や勉強に身が入らず、部活は遅刻しがちになり、成績も落ちて、本末転倒な事態に陥ってしまいました。

何かを得るためには
犠牲を払わなければならない

　ここまで書いてきたように、私にとってお金を稼ぐことは**「ない状況をいかに打破するか」**とイコールでした。とにかくお腹を満たし、欲しいものを欲しい時に買い、誰かに必要とされる……そのためにお金を稼ぐ。それは額は変われど、仕事が変われど、今でも変わりません。

　そしてこれはアルバイトをしていた昔も今も同じですが、仕事は楽しく行うもの。つまんないと思いながら仕事することは

しませんでした。

　一方で前述の通り小銭を稼ぐことに夢中になり、自分本来の目的である部活や勉学で成果を出すことを忘れ、貴重な高校生活を充実させられませんでした。

　この経験を踏まえ、今でも常々覚悟を決めて心に誓っている言葉があります。

「何かを得るためには、何か犠牲を払わなければならない」

「勝って兜の緒を締めよ」

「積み重ねと継続。積み重ねることは難しく、失うのはあっという間」

「不安定こそ安定。現状維持は下降線」

　自分のやりたいことを明確にする⇒本当にやりたいことをやるために「稼ぎたい」という根本的な欲求を持つ。そのために「とにかくリスクを取っていく」という行動を起こす。

　内的動機付けをしっかりして、この欲求を持ち、行動をし続

けることこそが、お金を稼ぐということの本質なのだと、私は考えています。

大学受験から脱落し、何もない自分に気づく

さて、高校3年生になり、サッカーで結果を出すこともできず、バイトと学校の両立も厳しかった中で、進学校ですから、周りはいよいよ大学受験だという雰囲気になっていきます。評定平均もしっかり取れて指定校推薦で入学できる者、部活動で優秀な成績を収めてスポーツ推薦で進学する者、しっかり予備校や塾に通い大学受験に備える者。

周りがいろんな選択をしていく中で私は、**本当に自分が何をやりたいのか、できるのか、全くわからない迷子**になっていました。そして、こんな悩みを話して聞き流されるのも怖い、怒られるのも怖い。誰かに相談することもしませんでした。

河合塾に夏の期間だけ通ってはみたものの、そもそも何のために受験をし、何を目指して大学進学するのかの自己セットアップもできていない状況です。河合塾というマンモス予備校でも相談相手を見つけることができず、誰にも相談できないまま

授業にもついていけず、「あー自分はもうこのまま付属大学でもいいかな」と妥協し、「あとの高校生活は適当にサッカーやって、適当に遊んで、適当にバイトすればいいや」と割り切ってしまったのです。

映画監督になるなどの夢も微(かす)かに持ったような気もしますが、やったことといえば日本大学藝術学部映画学科の偏差値を見たくらいで、本気でコミットはしませんでした。

なんとなく、の妥協で大学進学を決めてしまいました。人生でこの時のことを一番後悔しています。

私は、20代・30代は全力投球でやりきる人生を送れた、送れていると自負してますが、10代最大の大事な決断のところで、勝負から逃げてしまったのです。どっちが良かったかは別にして、この時の後悔とは「自分の力を試さなかった」ことにあります。

どれだけ自分ができたのか？　今となってはわからないからです。

その後、こんな感じで高校最後の半年間をなあなあに過ごしていたので、渋谷でナンパした可愛い都内有名高校の女子と付

き合っても自信を持てず、つまらない思いをさせてすぐに別れてしまったりして……。

　何をしても被害者意識を持つようになっていました。この頃の自分はとにかく頭で考えるだけで、なんのチャレンジもしませんでした。そんな男に魅力があるわけがありません。

　エスカレーター式で國學院大学に進学した時も、大学デビューすることの意味ばかり考えて、とにかくデビューしてみればよかったのに、それもできず。みんなが、新歓コンパで友達を作りまくって華の大学生活を送ろうとしてる時でも、どこか斜に構えた感じで、あまりそういうものに参加することもありませんでした。

　この頃から、勝ち取ったもの以外に魅力を感じないという自分の性格に気づいていきます。そして大学を受験してないせいで、自分が本当にここにいていいのだろうか？　もっと他にやるべきこと、居るべき場所があるのではないだろうか？　という、何をどうしたらよいか、よくわからない気持ちになっていたのです。

ギャンブルに手を染める

　大学時代は、本当に自由な時間がたくさんありました。自由な髪型に、自由な服装に、自由な時間、授業すら自分の好きな時に好きなだけ取れるのです。ありとあらゆる選択が自己責任のもと放り出されるという、今までの虐げられた生活とは正反対の生活が待っていました。

　正直、かなり戸惑ったのを覚えています。この頃になると、両親も私にはあまり期待も持たず、どこか諦めのような雰囲気も出していて、生活面で強く言われることもなくなりました。すると、逆に言われたことをやっている方が楽じゃないか、と気づきます。

　先生方に相談する度胸も高校時代に培われていなかった私は、周りに流されるがままにここまで来てしまったことに気がついていました。それでも、自分を変えることはできませんでした。正確に言うと、変わる方法がわからなかったのです。

　なんとなく単位を取るために授業を受け、なんとなくサッカーが好きだったのでサッカーサークルに入り、なんとなく派手な友達が欲しかったので飲み会サークルに顔を出して……。

そんな毎日をダラダラと送っていたのです。

そんなある日、中学・高校時代の友人の一人から、スロットに誘われました。そしてなんと、スロットデビューした初日に万枚を叩き出し、バイトで得ていた給料1ヶ月分以上の収入を1日で得てしまうのです。

こんなに簡単にお金が手に入っていいのか。私は四六時中コインを入れるだけのゲームにはまり、だんだん授業も友人に代返してもらうようになっていきました。朝起きてスロット屋のイベントに並び、台を確保する生活に没頭することになっていきました。

何もかもが堕落していきました。

スロット以外にも麻雀をやったり、カードゲームをやったり。朝から晩までギャンブル漬け、朝か夜かがわからないくらい、生活リズムが破滅的な状況に追い込まれていったのです。

そんな生活をしているのですから、この頃働いていたコンビニやカラオケ屋のバイト代だけでは足りなくなります。

私はどんどん貧窮していき、ついには友人から低単価の借入をしてしまいます。まず最初は、ギャンブル仲間たち。でもすぐに全員から「これ以上は貸せない」と言われるまで借り切ってしまいました。

　次に、サークル仲間や、学部で同じ授業を受けている友人たち、バイトの先輩、地元の友人。なんだかんだと積み重ねて1人あたり3万円、それを20人から借りてしまったのです。もちろんすべてギャンブルで消えました。

　次に手を出したのが高田馬場にある学生ローン。こちらでも20万円借り、合計金額は80万円になっていました。この時の転落感は今でも覚えています。あれよあれよ、と底なし沼に沈んでいくようでした……。

　もうバイトだけでは返済するのに何年かかるかわからない。自分の人生は終わった……そう感じながら渋谷をとぼとぼ歩いている時、声をかけられたのです。

借金アホ学生から
伝説のホストへ

当時書いたブログ（2006年2月4日）を紹介します。

＊

　渋谷の居酒屋のバイトをしてた俺は、その日はシフト提出のみの出勤で、帰るのにはまだ早いなと思いTSUTAYAや本屋をうろうろしていた。
　すると、いかにもギャル男といった出で立ちの男に声をかけられる。

「お兄さんかっこいいっすね！　合コンとか好きですか？」

　当時こういった六本木のサパーや新宿のホストなどの勧誘をよくされてたんだけど、あんまり興味がなくて素通りしてた。

「いや、ないっすね」
　こう言って歩き出した俺に、
「あ、全然ホストとかとは違うんですよ。今最近流行りの『メンキャバ』って言うんですけどね、ホストクラブみたいな上下

関係もないですし、みんなでワイワイ仕事して、女の子とも出会える。なおかつ、給料はホストクラブと変わらない。どうですかね？」

　俺はピクッとした。
　正直な話、当時の俺はお金がほんとになかった。バイトに行く先行く先、経営者が変わって髪の毛とか注意されて辞めたり、店がつぶれたり。

　しかも初めの方に触れたバイト先も働き始めたばっかりだったから、まあ片手間でも飲めてお金が貰えるなら……

　と心が揺らいだ。

　それを知ってか知らずか、すかさず……
「お兄さんならかっこいいし、絶対すぐに稼げますよ。」
　まぁ危なかったらすぐに逃げればいいし……。当時から誉め言葉に弱い、相変わらずな俺は、
「どこにあるんですか？」
　ギャル男は言った
「新宿歌舞伎町です！」

　ここから全てが始まった。。。

「じゃ10時半に、またここで待ち合わせしましょう」
　そう行って男は立ち去っていった。
　正直まだ迷ってた俺は中高大と10年付き合いのある親友に話した。そいつは、
「いいじゃん面白そうだし、一回くらい見てきて話聞かせてよ。いやーついにお前もホストかー（笑）」
　とまあ軽いノリで言われたもんだから、こっちまでそんな気になって、まあ気楽にやるかー。ってな感じになった。

　それからご飯だのなんだのを済ませて、約束の時間10時半。

　さっきと同じ出で立ちのギャル男とともに山手線で新宿へ。

　たしか一言も話さなかったと思う。。。さすがに騙されてるとまでは思わないけど、俺は、遊ぶのはだいたい渋谷だったし、なにより当時の歌舞伎町という街に対してそれだけアンチなイメージを抱いていた。
　新宿駅から徒歩で向かい、歌舞伎町の看板を越え、きらびやかな町並みへ。

　ぶっちゃけ家帰れるかな？と思ったりもした（笑）
　案内された先は、

歌舞伎町新光ビルB1F。

< Club Ocean >

　店内はまだ営業前だったらしく（当時は深夜帯営業だったため、営業時間は0時〜朝の7時）、ホスト十何人かが掃除していた。
　席に案内され、面接をしてくれたのが当時の田中社長だった。
「イケメンだねぇ〜。」
　煙草をくゆらせながら社長は言った。
「ホストしたことあんの〜？」
　俺は首を横に振った。
「そっかぁ！！未経験だね！じゃあ今日は体入してみるぅ？！」
　正直なところ、さっきも言ったけど俺は全てにめちゃくちゃ疑ってかかっていた。警戒心だらけ。ホスト＝怖い人たち。（笑）
　そこを田中社長はまず覆した。元気が良くて、声がでかくて、ちょっとジャニーさんぽいしゃべり方（笑）
　ここはそこまで怖いところじゃないかも……

　俺は決断した。

＊

 と、こんな感じで背に腹は代えられない状況で、飛び込んだ世界でした。今でも思い出しますが、ここで頑張らなかったら人生おしまい、という状況でした。

 ですが、意外にも切羽詰まった顔で働いたわけではなく、目にうつるすべてのことに感動し、刺激を受け、どちらかというと楽しんで仕事をしていたと思います。20歳だったし、なんとかなるでしょ、と思っていたところもありましたね。

 目の前でバンバン開く高級ボトルの栓、飛び交う札束、シャンパンコール。

 歌舞伎町のホストクラブはいっぱしの借金アホ学生から見れば、異次元。まるで竜宮城に誘われた浦島太郎のように幻想的で、誘惑でいっぱいの危ない世界だったのです。

 次章では、メンキャバ時代の話、そしてホストクラブとは何かをお話ししましょう。

第 2 章

騙し騙されのエンターテインメント

host 2.0
RYUSEI KUWATA

1. ホストクラブ10年間の変化

お金で愛を買う客と、
愛をお金で売る男の取引所

　歌舞伎町に来るまでは、ホストクラブのホストに「かっこいい」なんてイメージは全くなく、ホストは「ダブルかトリプルのスーツに身を包んだ男たち」、**ホストクラブは「お金で愛を買う客と、愛をお金で売る男の取引所」**だと思っていました。

　とはいえ、当時の情報といえば漫画かドラマ、たまに流れるニュース特集だけ。それら一面的な情報で作られた安易なホストのイメージでした。

　実際に働いてみると「お店に来たお客様に気に入られ、すぐに稼げる」なんて幻想。夢のまた夢でした。体張って、飲んで、喋って、全力で楽しませて初めて指名してもらえるかどうか……決して甘い世界ではありませんでした。

　酔っ払って来店して席で眠り始める女性もいれば、携帯か爪ばかり見て全く話してくれない女性もいたり。
　時にはノーパンで来て、ひたすら股間を見せ続けて自分に酔

いしれるという衝撃の女性もいました。

　キャバクラや銀座のクラブ、風俗で働いている女の子が新人ホストに向ける目は特に厳しく、「売れてねーなら口きくな！席はずれろ！」と言われたり。

　昼間働く OL（昼職）の女性にいくら長文メールを送っても「忙しい」の一点張りで全然店に来てくれなかったり。

　全く簡単ではありません。

女性たちがホストクラブに来る理由も様々でした。

　銀座でいつもおじさまをちやほやと接待していて、たまにはほんの少しでも自分のことを褒めてほしいと思ってホストのところに通ってくるキャバ嬢さん。

　病院で毎日夜勤、様々な患者さんのお世話に奔走し、たった1つのストレス発散手段として飲みに来ている看護師さん。

　どう考えてもホストクラブに来なくてもモテそうな超絶美女は、実はアイドルで、セックス依存症だったり。

「私、なんのために生きてるのかな？」と毎日メールしてくる風俗嬢のお姉さん。

　山梨に住んでいるにもかかわらず「かっこいい顔を見たい」という理由だけでわざわざ毎月1回必ず来てくれる女性もいました。

反対にホストたちも、様々な人がいました。

　13年前は今よりアウトローな人たちも多く、「前職は刑務所」なんて人はざらにいて、チンピラみたいな人もいれば、ヤンキー上がりで大阪や滋賀から上京してきて一旗揚げようという方もいたり。学生もいれば、住居不定のおっさんもいたり（現在のように住民票提出が義務付けられていませんでした）。

　ホストになった理由も様々で、私のようにお金が欲しくてホストを始めた人もいれば、ホストがかっこいいという理由だけで始めたギャル男もいました。

　男も女も、一人一人状況も性格も容姿も全く違う人たちが集まっていて、ホストはその一人一人に寄り添い、お客様のニーズに応えることが求められました。

　厳しい世界ではあるけれど、「人生を一発逆転できる」という甘い蜜で全国から男たちを誘い出す。歌舞伎町は私の目には妖艶な世界に映っていたのです。

昔の歌舞伎町と今の歌舞伎町

　13年前(2006年)はまず、歌舞伎町自体が怖い街でした。
　女の子たちは気が強く、ホストクラブはホストクラブ、と割り切って遊ぶ方が多かったです。年齢層は若めで20代〜30代後半。
　ホストはみんなギラギラ、テカテカのスーツに、先のとんがった革靴、髪型は逆毛を立てて筋を作るいわゆる「スジ盛り」でした。
　買い物は、マルイメンズ館(現・マルイメン)か新宿東口のセレクトショップ「KAWANO」が主流でした。

　現在では、風営法改正の影響などもあり、歌舞伎町自体は以前よりずっと安心・安全な街になっています(ぼったくりはいまだに少しあるので、キャッチにはくれぐれもついていかないでください)。

　今の若い女の子たちは、現実とホストの境界線がわからない人が多くなってきているように思います。年齢層は相変わらず中心は20代〜30代後半ですが、中には50代、60代、70代になっても来てくれる女性もいます。
　ホストはスーツではなく、私服で出勤します。髪型もナチュ

ラルです。

　買い物は GUCCI、BALENCIAGA、FENDI などのハイブランドが主流となっています。

　昔の歌舞伎町は、本当に怖い街でした。あるゾーンを超えると帰ってこられない。二度と家族に会えないのではないかと戦戦恐々としていたものです。

　2つだけ当時のエピソードをご紹介しましょう。

上には上がいる!

　当時のホストで多く見受けられたのが、いきり立ったヤンキー上がりのホストたち。でも根はまっすぐで、愛情かけて育てれば彼らも立派なホストになる姿をたびたび目の当たりにしてきました。

　しかしながら、お酒を飲むと気が大きくなってしまうのでしょう。

　あるホストが泥酔しながらさくら通りをお客様と歩いていたそうです。その時彼は、とあるコンビニ前で自転車を倒してし

まいました。するとそれを見たキャッチ（男性客をキャバクラや風俗に斡旋する人たち）に注意されたそうです。ここでしっかり謝っておけばいいものを、気が大きくなった彼は、
「はいはい、起こせばいいんでしょ」
とだるい感じで返答しながら自転車を起こそうとしました。

　直後！　彼は後ろから強烈なパンチを後頭部にもろにお見舞いされ、あとはいつのまにか集まってきた大勢から袋叩きに。キャッチの方々は基本的になわばり周りにいる人は仲間なので、一斉に集まり、監視カメラのない位置で彼をボッコボコにして２、３分のうちに一斉に去っていったそうです。

　彼に後ほど事情を聞いたところ、最初のパンチを食らってからは本当に死ぬかと思った、誰に殴られているのかすらわからなかった、とのことでした。

　こんな感じの事件は、対黒人キャッチなどでもあり、店にいちゃもんつけたお客様が大柄な黒人の方々に囲まれてボコボコにされていたりするのを、私が歌舞伎町の路地裏で小便してる時に何度も目の当たりにしていました。

　こんな事件も今では本当に少なくなったと感じます。

朝方に響く
乾いた銃声よりも怖いもの

　歌舞伎町内にホストの寮があるのですが、そこに住んでいた際、朝方、銃声のような音がしょっちゅう鳴り響いていました。工事現場の音すらそのように感じていたかもですが（笑）。

　夜に歌舞伎町の奥の方に行けば、薄暗いビルの前に黒塗りのベンツが5、6台並んでいます。
　そこですれ違う怖そうな人たち……。
　何をしているのか想像するだけでも怖いのですが、実は、怖いのはそういう人たちだけではありません。

　ある日ホストの先輩同士が店の中で口論をしていました。

　すると何かの拍子に片方がプッツンと切れて、キッチンから取り出した包丁でもう片方のお腹をグサッと刺してしまったのです。

　後に聞いた話ですが、刺した理由は「酔っ払ってたし、ムカついたから」。それだけだそうです。駄目ですよね！　理由になってない。

本当に怖いのは、切れた時何をするかわからない人であり、怖そうなことをしそうな人ではないということを学びました。まぁ今はそんな人いないですけれど。

私が当時街を歩く時に徹底していたことがあります。

1. 前を見て歩く。
2. 怖そうな人たちがいたら、目を合わせず素通り。もし肩が当たってもすぐに謝る。
3. 声をかけた女性に連れがいた場合は、すぐに謝って引く。

「稼ぐため」にこの街にいるのですから、トラブルはなるべく避けるべきなのです。

全身包帯ぐるぐる巻きの女性

昔ご来店いただいたお客様の、強烈なエピソードをいくつかご紹介しましょう。

この方は、先輩ホスト秋也さんのお客様でした。私が新人時代、ヘルプについてもなかなか仲良くなれずに苦しんだお客様

です。

　彼女は、秋也さん以外とはほとんど口もきかない女性でした。彼女と秋也さんは歌舞伎町のマンションに半同棲していて、2人と仲良くなってからは、私もたまにお邪魔したりしていました。

　そんなある日、店の中に響き渡るような声で大喧嘩が始まりました。最終的には、
「私死ぬから!!!」
「おお!　いいよ!!　死ねるもんなら死んでみろ!!」
　と言い放ってお互い喧嘩別れしてしまったのです。これは大変だと思い、仲裁に入るものの、2人とも聞く耳を持ちません。結局喧嘩したまま、彼女は家に帰り、秋也さんは私が当時住んでいた寮で寝て、一夜を共に過ごしました。

　その次の日、再び事件は起きたのです。その日もいつものように開店準備を終わらせ、
「いらっしゃいませ!!　ありがとうございました!!」
　ホストの朝の声出しが終わり開店した直後でした。
「1名様ご来店です!!」
「いらっしゃい……!?　ませ……!!」

皆が目を疑いました。そこには、全身ギプスでガチガチで、顔も確認できないような物体？　人？　が立っていたのです。
「秋也くん、指名で」
　フロントで発した声で誰かはすぐにわかりました。え、ま、まさかあの後、自殺未遂したのか……!?
　全従業員が戦々恐々と見つめる中、私はお客様を席まで送り、そしてこう言われました。

「これ全部知り合いの医者に頼んで作ってもらったんだよねー（笑）。あいつびっくりするかな？　心配すっかな？（笑）」

　なんと。この完璧なまでのガチガチ全身ギプスは、秋也さんに心配をかけさせるための壮大なる嘘だったのです。

　この後、秋也さんの完璧なリアクションを経て、2人は無事に仲直りをしましたが、この日の出来事が伝説になったのは言うまでもありません。

母娘で毎月1000万円使うお客様

　これは私が現役ホスト時代、一番お金を使っていただいたお客様の話です。

入店後6ヶ月が過ぎ、ホストにも慣れてきて、1日3〜4組程度のお客様が来店されるようになってきた頃、この社長令嬢に出会いました。お父上は金融系のお仕事をしていて、お姉さんはラブホテルを経営。そんな華麗なる一族の、当時31歳の末っ子に指名されるようになったのです。

　しかし私はそれから常日頃、なんで指名をされているのかわからないくらい接客に駄目出しをされました。

　そんな中、ひょんなことから誘われた横浜で、彼女と男女の関係を持つことになります。

　その後、見違えるくらい優しくなった彼女は、銀座の1人2万〜3万するようなレストランに私を連れて行き、ナイフやフォークの使い方を勉強させてくれたり、高級ブランドがなぜいいのか？　どんな歴史があるのか？　など様々な社会についての素晴らしさや処世術、そしてルールを教えてくれたりしました。

　この方に男として育ててもらったのは間違いありません。

　それから何ヶ月か経ったとある営業日、突然彼女が、

「これから母を連れて行くから、しっかり接客してね‼」
と切り出しました。
「お金持ってるから、使ってもらえるかもよー」
なんて言われて。

ご来店されたのは、まさに「マダム」! キラッキラの宝石を首にも指にもちりばめて、フォックスファーコートに身を包んだ絵に描いたようなザ・マダムでした。

この方がご来店されるようになり、私は月平均プラス200万円ほど売上が上がりました。
さらに、マダムの指名した別のホストは、ナンバー圏外の売れないホストから、一気に毎月1000万円オーバーの売上を叩き出す、カリスマホストになりました。

この後、私とマダム指名のホストの関係が悪化し、母娘を巻き込んだ壮絶な売上バトルを繰り広げることになるのですが……それはまた別の機会にお話ししましょう。

外資系金融企業副社長（男性）の ご来店

　これは私が独立後、お店を始めて1年ほど経った時によくいらっしゃるようになった「男性」のお客様の話です。

　当時の当店ナンバー1のお客様で、アナウンサーのような容姿をした、とても綺麗なお客様がいらっしゃいました。彼女は担当ホストをとても愛し、彼もまた彼女に惹かれていました。

　常々、私は20代前半の男性諸君は、「一石二鳥」で女性と付き合うべきだと考えており、①お金を使ってくれるお客様、②ホストという仕事を応援してくれる女性、がホストの彼女としてはベストだと考えております。いわゆる「年上の女性」ですね。

　そんな彼女がある日、男性のお客様を連れてきたのです。

　当時の運営マネージャーから伺った話によれば、外資系金融業でトップと言われる会社にお勤めで、しかも副社長の方のようでした。通常であれば会うこともできないようなお客様と同伴で来店された彼女は、小声で「今日の設定」を私に告げてき

ました。

「私と男性は付き合っているの。だから、担当ホストは私の弟の設定だから！」

　無茶苦茶な設定ですが、お店としてはお客様の大切な指令ですので忠実に任務を遂行するのみです。全力で男性のお客様を楽しませ、姉弟の設定を完遂しました。

　それから週に1度は必ずペアで来店されるようになった男性は、このホストが卒業する最後の日まで、この秘密を知らされることはありませんでした。

　その後、これだけ愛されたホストはこの女性とは別のお客様と結婚してしまいました。女性のその後は不明です。追う者と追われる者の皮肉な結果でした。

騙されたくない人は来ないでください

　このように、はっきり言って、この世界は騙し騙されの世界で、追う者がいれば、追われる者がいて、その追っている者に

も誰か追いかけている人がいるかもしれません。

　歌舞伎町は甘い誘惑の世界です。騙そうと思っていても本気になってしまうこともありますし、本気にはならないと思っていても素敵に思えてしまう異性が現れることもございます。

　だからこそ、何事も、割り切って遊ぶことをお勧めします。

　キャバクラもホストクラブも同じです。働いている側の人たちも、本気になって裏切られたり、好きになってしまったのにお客様だった相手はずっと遊び人なんてこともあります。

　それでも人は、騙されてもいいから恋をしたいと思ったり、非日常の世界に身を置くキラキラした人たちに恋したりしてしまうこともあります。

　だから私はあえて言います。

「安定した暮らしを捨てたくない、騙されたくない人は、歌舞伎町には来ないでください」

　でも、この忠告を聞いても、誘惑の世界で思い切り遊んでみたい人、すでにハマってしまった人は、くれぐれも自己責任で

お願いいたします。

スマホとSNSで変わる歌舞伎町

　私が現役ホストだった当時の歌舞伎町は、ホストはあくまでホストであり、スカウト（女の子に声をかけキャバクラや風俗に斡旋する人たち）やキャッチ（男性客をキャバクラや風俗に斡旋する人たち）、ましてや大学生に見間違われることなどほとんどありませんでした。

　黒光りする丈の短いスーツに、テカテカの先の尖ったエナメルシューズ。胸元には黒や銀色のコサージュをつけて、髪型は「スジ盛り」と呼ばれる逆毛を立てて、ドラゴンボールのスーパーサイヤ人のような出で立ち。

　それこそがホストでした。

　しかし現在はというと、6年ほど前から、徐々に「スーツであるべき」と言われていたホストの出で立ちも見直され始め、私服を着て髪型もナチュラルなホストが大半となりました。理由は、女の子が歌舞伎町の外でも一緒にいて恥ずかしくない格好でいたいから、です。

時代は移り変わります。K-POPアイドルが売れれば韓流スターのような髪型が流行り、そして徐々にホストが化粧をすることも当たり前になりました。

　最近はSNSによって変化が著しくなってきました。今日流行っているものでも、1ヶ月後には古いと呼ばれる時代です。

　私が思うに、**SNSによってもたらされたのは、①コンプレックスを武器にする志向と、②流行の見える化で大量生産される人々**です。

　現在最も有名なホスト、ローランドは整形費用に1000万円も費やしたそうです。そしてそれを公言しています。

　つまり、これまで整形＝悪＝人に言えないコンプレックスだったものを、世の中にどんどん発信することで、同じようなコンプレックスを持つ方たちから応援してもらえたり、その人にしかない魅力として認識されたりするようになってきたのです。

　しかし一見流行に乗っている人はイケてるように思えますが、裏を返せばみんなと同じです。

同じような服装を追い求めるので、その結果希少性の高いブランドの価値は上がります。最近では GUCCI や BALENCIAGA などの超一流ブランドを身にまとうホストも増えてきました。Supreme なんかはどうやってみんな手に入れているのかわからないくらい、転売、転売で値段が高騰しています。

　ここからは私の意見ですが、ファッションは一周します。

　ホストの世界も、そこらへんの兄ちゃんと見分けがつかない私服ファッションが見直され、スーツで色っぽくの時代がまた近いうちにやってくると感じています。

　また、ホストの刀「携帯電話」も進化しました。スマートフォンの登場によって様々なサービスが日々の生活を効率的にしています。他のホストに勝つには、時に1000万円以上の稼ぎを生み出すこの刀「スマホ」をどう使いこなせるかにかかっているのです。

　ガラケーからスマホへの転換で一番大きかった出来事は、コミュニケーションの変化と SNS の普及でしょう。

　私が現役時代、やり取りに使っていたメールは長文からたっ

た一言まで、様々な文章の「電子手紙」が送れるメッセージツール、といった感じでした。しかし現在は、LINE 中心のチャットに切り替わり、「会話」している感覚のやり取りに変わりました。

そのため、圧倒的にお互いの距離が近くなったように感じています。

相手がメッセージを読んだか読んでないかが分かる機能に加え、今、どこで、何をしているのかが、SNS を通して丸わかりになりました。一方で、SNS を通して自分のメッセージ（主張）を発信したり、時にはブログでお客様や友人たちへの感謝を表現できるようにもなりました。

ホストは寝ても覚めても24時間、セルフ・エンターテインメントを発信すべき時代が到来したのです。

発信ツールは SNS だけにとどまりません。

最近は「YouTuber ホスト」も誕生したり、「ライバー」と呼ばれる LIVE チャットアイドルのような有名人が、アイドルのようにもてはやされる時代にもなりました。

めまぐるしく変わる世の中のニーズに合わせて、ホストも変

わってきているのです。今の時代、ホストをしているだけでなく、**ホスト×○○○の掛け算をして「セルフブランディング」している人**が求められていると感じます。

このような現状で、自分自身はお客様との距離をどう保つのか。実際に会って飲めて騒げるホスト？　恋に落ちられるホスト？　まるでアイドルのように扱われるホストたちは、日々、試行錯誤しているのです。

ホストの契約形態ってこんな感じ

そもそも、ホストの契約形態ってどうなっているのか？　疑問を抱く方も多いと思うので、ここできちんとご説明しておきましょう。

大半のホストは、美容師さんや整体師さんと同じ、個人事業主です。もちろん銀座のクラブのホステスやキャバ嬢もこれに当てはまります。

基本的にはお店は法人か個人事業主が経営しており、保健所の許可と風営法許可証を取得して経営しております。

余談ですが、個人でやっているところは、脱税のために2年おきに名前を変えています。そのため、**「頻繁に名前を変えている店舗は脱税している」**とよく言われます（笑）。

　話を戻して。私たちみたいに複数の店舗を運営するようになると、管理や申告も大変になるため、しっかり法人を作り、そこに代表者を置き、運営していきます。

　ホストは社員ではなく、業務委託という形で働いています。店舗に所属はしているのだけど、社員ではなく、個人事業主として働いているのです。

　理由は下記のように、いくつかあります。

・店は月毎に売上を立て、給料も月毎に変動する出来高制のため、雇用契約は適当ではないだろう、ということ。

・ホスト側としては、普通の給料よりも手取り金額が多くなり、ヘアメイク代、衣装代、お客様との飲食代などの交際費もしっかり経費にできるメリットがあります。

・企業側からすると雇用契約と違い、社保加入義務がないのと、消費税を控除できるというメリットがあります。

・雇用側が源泉徴収する手間がかかりません。

　何十年も昔、もともとは給料を支払う雇用契約だったものが、ホストクラブや銀座のクラブのような契約実態に法律が追いついてこのようになったようです。
　もちろんお店の運営スタッフたちの個人売上はないので、社員としての雇用契約をして働いております。

2. 男は稼いでから見栄を張る。
　女は稼いでなくとも見栄を張る

女性がホストクラブに来る理由

　虚栄心、プライド、自己満足、承認欲求、嫉妬など、日々様様な感情と我々はこの情報社会で向き合っています。

　周りの人たちの価値観に左右され、好きな人だけでなく、見ず知らずの人にまでに気に入られようと努力します。

　私たち水商売はこの「見栄やプライド」、さらに「嫉妬」のエネルギーを巧みに利用し、日々仕事し、売上を挙げているのです。

　騙されたくない人は来ないでください、と先の項で話しました。それでは私たちが日々どのように売上を挙げているのか。大事なことは、ずばりこれです。

「お客様。好きという感情は、売上を上げて証明するか、週に何度も店に足を運んで見せてください」

はっきり言います。これは真実です。キャバクラやクラブ等の、女の子がいるお店に行ったら如実にわかるでしょう。そして、別業種でも同じことが言えます。

　アイドルならグッズを、歌手ならＣＤを、です。一ファンとして、好きで応援してくれるんであれば……「売上を上げてください。じゃないと生活できません」。これが正直な気持ちです。

　ホストクラブやキャバクラでは一晩に何百万円という金が動くことも多々あります。私自身、１日に１人のお客様で1000万円を売り上げたこともありました。

　しかし、この**売上にラッキーや偶然はありません**。プロに徹し、彼女たちに「時間」と「非日常感」を提供した対価だと考えておりました。

「時間」は文字通り彼女たちに費やした20代初期の大切な時間です。友達や、家族との時間を削ってでも彼女たちお客様と、お店への出勤に時間を費やしました。

「非日常感」を生み出すのは、ホストとして常にプロでい続けるというドキドキ感です。お店に来れば、様々なお客様をもて

なすホストたち。毎日確実に10人以上の新しい女性と出会えて、それをお金にするという職場は極めて異質です。

そんな環境で働いてるホストたち。彼女たちはプライベートで遊んでいる時でさえ、ホストの携帯が別の女性からの連絡で鳴るたびにモヤモヤした気持ちになり、時に嫉妬からの怒りも生まれてくるのです。

嫉妬型エンターテインメントで本物の喜怒哀楽を楽しむ

ホストクラブに来なければ、相手がホストという職業でなければ、感じることのできない感情の起伏があります。やっと出会えたステキな男性への喜びは、歌舞伎町ホストクラブ特有の出会いの連続で怒りに変わり、時に落胆し……、仲直りして楽しさを取り戻すのです。

まさに感情のジェットコースターのような、**嫉妬型エンターテインメント**が水商売の本質です。

別に好きでも嫌いでもないホストに、初めは好き好き言われ、お願いだから店に来てと言われて仕方なしにお店に行った

ら、好きってあんなに自分に言っていたホストが、他のテーブルで見知らぬ女子と親しげに話しているのです。

さらに親しくなったら親しくなったで、さっきまで他のお客様のテーブルに40分もついていたのに、自分の席には10分そこらしかついてくれない。そして言われる言葉は、

「ごめん今日はあっちの席の方が単価高いんだ」

お願いされたからわざわざ足を運んでいるにもかかわらず、こんなことを言われる始末。

しかし、この感情の浮き沈み！　劇場型の接客！　これこそが水商売に求められているものだと思っていますし、時に嫌われることを半分覚悟して冷たい表情で別れを告げることも接客なのです。

お客様が怒って帰っても、こちらからあえて連絡はせず、翌日まで焦らしてお客様の方から「わがまま言ってごめんね」と謝りの連絡が来たこともあります。それでも簡単に仲直りせず、時間を空けて返信するなど、緻密に計算された駆け引きをしたこともありました。

ふわふわと笑い続けることだけじゃ得られない、平和な日常だけでは得られないエッセンス。私たちは刺激そのものです。体内の血が煮えたぎるほどの嫉妬心を煽り、2人きりのエンターテインメント劇場で役者として演じきる。

　ホストは、女性が自分自身の醜い感情すら曝け出すほど夢中になれる、「時間」「非日常感」を演出しているのです。

心に闇を持っている人こそ魅力的

　私は、現役ホストとしては2年半しか働いていませんが、様様な女性と出会い、別れ、それぞれに濃密な時を過ごしました。

　女性一人一人との、様々なエピソードがあふれていた時間。この本には収まりきらないため、TwitterやLINE@などなんらかの方法で私に聞いてください（笑）。

　時が経ち、ホストクラブ経営者になった後、今度は様々な経営者の方に会うことになりました。

ただ、ホストクラブ経営者の先輩方は、時間が経つにつれて街から消えていく人が多かったです。せっかく店を苦労して出したにもかかわらず、キャバクラやギャンブルにハマって財産も地位も失ってしまう方もいれば、単純に事業自体うまくいかず、撤退してしまう方もいました。

昨日までお付き合いのあった気のいい風俗情報雑誌の編集者が、いきなりネットワークビジネスを始めて、シャンプー・コンディショナーを押し売りに来たり。

逆に、コツコツと自分を見失わずに今でもしっかり経営されてる諸先輩方もおります。

そして東京は、歌舞伎町は、進化し続ける街です。進化できない人は置いていかれます。

20代前半に出会ったホストクラブ関係者の方々はほとんどお見かけすることがなくなりました。

私がこの街で学んだ最大のこと。それは、人を信じるか信じないかを言葉や経歴だけで判断しないことです。

22歳で独立した私は、「チョロい」と思われたのでしょう、

様々な大人が言い寄ってきました。時には大金を騙し取られたこともあります。

そこから、どんな経歴を持っていようが、どんな甘い言葉をかけてこようが、私が良くならないことを言ってきたり、強要してきたりする大人とは絶対に付き合わない方がいいという学びを得たのです。

そして、美味しい話なんてこの世にはないということも学びました。よくわからない美味しい話には、必ず裏があります。

そして、自分で稼いだお金で、自分や周りの人が幸せになる使い方はしたいが、自分や周りの人たちが不幸になる使い方はしたくない、ということに気づきました。

自分の身を守るのは自分しかいません。自分の会社や店、そしてそこで働くスタッフを守るのは自分しかいないと、当時肝に銘じたのです。

騙され傷心した私は、一定期間他人と距離を置いたのち、それまでは同業の方々との面識の方が多かったのですが、世の中で勝ち残っていくためには同業者以外のイケてる方々、勢いのある他業種企業の社長様方との付き合いを優先し、そこから水

商売ではなく、もっと最新の情報を仕入れなければならないと感じ、行動しました。

　芸能関係、不動産関係、投資や美容関係、ありとあらゆる業種の方と仲良くなりました。そこで初めて悟ったのです。

「どの業種にもダメな人はいるし、どの業種にもできる人はいる」

　重要なのは職種や経歴ではなく、今の「会話」であり、どんな「行動」をしているかなのです。

　ダメだなーと思ったらダメになっていくのを観察し、この人は素晴らしいと思ったら業績を上げていくのを間近で観察し、徐々に人を見る目を養っていったのです。

　そして、自分自身がどんな社長であるべきかも考え始めました。自分は何が好きなんだろう。どんな人でありたいのだろう。真面目一辺倒は嫌でした。それに、仕事しかしないで出世できるほど、世の中甘くありません。少なくとも私の周りで成功している人は遊び心にあふれ、私との付き合いも大切にしてくれる方々でした。

器ってこういうことを言うんだなぁ、と何度実感したかわかりません。

面白いことを優先してビジネスに繋げていく人たちこそ、私の理想とするかっこいい大人でした。面白い大人ってどんな人か？　箇条書きにさせていただきます。

・好きな人がいる、もしくは常に恋を探している。
・人との繋がりや、接点を大切にする。
・自分にも欠点があると理解しているので、他人の欠点ばかり責めない。
・自分が一番優秀だと思っている。
・どんな状況、どんな場面でも自分の心に素直でいられる。
・親や、身内を大切にしている。
・友人を win-win 関係を作れるかどうかで決めている。
・時間を有意義に使っている。
・遊び心を忘れないし、遊びから仕事への繋ぎ方が上手。

私は、これらのことはすべて**「心に闇がある」**もしくは、**「自身の心の闇を体感したことがある」**からこそ表れるのだと感じています。

人間には嫉妬心や虚栄心が必ずあり、どうしても他人と比べてしまう生き物だからです。だから、男同士でも嫉妬はありま

す。自分よりも成功してる人を見て悔しさを感じたり、自分の情けなさを感じたりして生きているのです。世の中探せば、誰だって上には上がいるものです。

　闇は、嫉妬心だけではありません。

　たとえば私は⋯⋯「変態」です。小学5年生の頃、学習塾の帰り道にセブン−イレブンでエロ本を初めて立ち読みしたあの日以来、女性が気になって仕方ありません。ホストを思う存分楽しめた理由も、このエロさという闇と向き合い、自己承認できたからだと感じています。

　自分の中の闇と向き合い、感情を表に出したり、どうしようもない自分を認めたりすることこそ、人間らしく魅力的だと思いませんか？

　闇と向き合う。それは自分の中の、暗くて淀んだ心（すなわち嫉妬心、虚栄心、下心、コンプレックスなど）と正直に向き合うこと。それをきちんとコントロールしている人ほど魅力的な大人に思えるのです。

3. 本当にモテる人は何をしているのか？

場数を増やせ

　女性に慣れていない人は、圧倒的に場数が足りません。

　ですのでまずは、とにかく「数」をこなすようにしてください。あなたは女性が苦手なんじゃありません。女性と喋ったことが少ないだけです。できないのと、やったことがないのは違うんです。

　数を増やすにはなんでもいいです。街やクラブにナンパに繰り出すでもよし、相席居酒屋、出会い系アプリでも構いません。もちろん友人の紹介なんかは共通の知り合いという安心感がアドバンテージになるのでヒット率も必然的に高まります。

　ホストクラブのホストも、昔は「暇さえあればナンパ」でした。最近ではSNSや出会い系を使っての出会いも増えてきております。

　兎にも角にも、モテるためには女性と毎日会うということを当たり前にしなくてはいけないのです。逆に毎日女性に会って

いると、自分は女性に毎日会うのが当たり前なんだという自己承認もできるわけです。なお、最初のうちは「断られた数」を自慢していると不思議とやる気が出てきます。

セルフイメージ、キャラ設定をしっかり作れ

　さて、様々な女子に会うことができるようになった次のステップですが、いまいちモテないし、会話が伸びません。

　ここで必要になってくるのが、「自分がどんな人であるべきか」というセルフイメージ（キャラ設定）の構築です。ナンパをしたことがある人なら必ず通る道ですが、まずは必ずと言っていいほど女性に「素通り」されます。でも、これは当たり前なんです。

　会った瞬間に興味が湧く、なんて通常はありえません。あるとしたら、芸能や風俗のスカウトくらいでしょう。相手にはそれぞれの状況があるんです。仕事中の人もいれば、彼氏大好きという人もいるでしょう。だから全員があなたに興味を持ってくれるなんてことはありえないんです。

そうなると、打率を上げるしかありません。では打率の上げ方をご紹介しましょう。

・清潔感を持った髪型と街に合った服装をする

原宿や渋谷でスーツでナンパしたり、銀座のど真ん中でTシャツ短パンで話しかけても打率は下がる一方です。しっかり街に合わせたマーケティングが必要です。

・相手の目を見てできるだけ目線に顔を置いてコミュニケーションをとる

ナンパでやってはいけないのが後ろから声をかけたり、適当に横からチャチャ入れるみたいに話しかけることです。そんなことをしても女の子は止まってくれません！ 足を止めたいなら自分の顔を名刺代わりに女の子の目線に正面から堂々と出してください。これはプレゼンに使う「グランディング」というスタンスとも通じています。相手に何かを伝えたい時は、立ち姿、目線、どんなことがあっても地に足をつけて堂々と振る舞うことが重要です。

・自信なげに話さない

ここで多くの人がまず中途半端に自信なげに話しかけます。そんなことしてても誰も止まりません。女の子が足を止めてでも時間を使いたいと思うよう、興味を持ってもらうことが重要

です。日本にはお笑いという文化があります。まずは笑いを取れるか、一発芸でも奇声をあげるでも構いません。ナンパも、出会いの初めの一歩の極意はまず、「この人面白そう」とか、「何この人？」でもいい、とにかく興味を持ってもらうことなんです。

・**会話を続ける**
　ここでいう会話は質問攻めにすることではありません。なぜ、どうして自分はここにいて、どうしてその女性に話しかけたかを明確にするのです。
「今日は友達と一緒にご飯の予定が、すっぽかされちゃって、でもなんだか帰るのもなぁと思ってとぼとぼ歩いていたら、あなたに巡り合っちゃいました。緊張したけど話しかけてよかったぁ。すごくかわいいね」
　これをいかにスマートに嫌味っぽくなく伝えられるかははっきり言って場数次第です。

人見知りは言い訳

　こういう話をしていると、ちょっと俺は人見知りなんだよなぁ、という声が必ず聞こえてきますので、全く違う観点、マネジメントの観点から、それは違うということをお伝えしておき

ましょう。

　この世に「人見知りな人」はいません。多くの人が幼少期の親や周囲の人からの刷り込みによって、人見知りという「言い訳」が生じているだけなのです。

　そして人は、知らないうちに人見知りでいることに居心地の良さを覚えるのです。よく「人見知りなんですが」という枕詞を使って自分を形容する人の多くが、人見知りでいる自分をわかってほしいと思っているのです。

　いわば甘えん坊なんです。よく考えてみてください。人見知りという病名で診断された人っていましたっけ？

　ではどうやって人見知りを止めることができるのか？

　それは「Me focus（ミーフォーカス）」「You focus（ユーフォーカス）」という言葉でご説明しましょう。

「Me focus（ミーフォーカス）」は「自分のことばかり考えている人」。
　いわば自分が次何を話すべきかばかりを気にして、自分の頭の中とばかり会話している人です。目線や表情は常にブレブレ

です。

「You focus（ユーフォーカス）」は「相手にどうやったら自分の考えが伝わるかで話している人」。

　伝わるかどうかのみに力点を置いて、常に相手をよく見て考えが伝わってるか確認しながら会話をします。ですので、こちらから一方的に何かを話し続けるのではなく、相手の表情や返答に敏感に反応して会話を成立させることができます。

　人前で話すことに緊張するのは誰にでもあります。初対面の人に緊張するのは当たり前です。

　相手にどう伝わるかのみに意識を置くだけでだいぶ変わると思いますので、ぜひ実践してください。

自信がなかったら ターゲットのレベルを下げる

　私も20代でホストを始めた時、先輩の席につく際、綺麗なホステスのお姉さんや見たことがないレベルのかわいいお客様だと緊張して会話することがままなりませんでした。

これはやばい、自信がないと到底太刀打ちできないぞと感じた私は、かわいいお客様や綺麗な方には目もくれないことにしたんです。どちらかというと服装も化粧も地味な女の子にターゲットを絞り席につかせてもらったり、ナンパする毎日でした。

　するとだんだん「この層には自分は通用するぞ」というのがわかってきます。めちゃくちゃかわいい女性には人が群がっていて、競争が激しいいわゆるレッドオーシャンゾーンに突入しなければならなくなりますが、世の中レッドオーシャンばかりではありません。

　それよりも、普通の格好をして、普通の化粧をしている人たちに多く支持された方が、このビジネスはうまくいくんじゃないか？　と私は考えました。

　そして、とにかく先輩方ががっつかない、いわゆる可愛すぎないゾーンにガンガンアタックしていきました。ここなら自信満々に話せるし、打率も高い！「なるほどホストは隙間産業なんだな」ということに気づいたのです。

　いかに競争の少ないブルーオーシャンを見つけ、そこで自分だけの立ち位置を見つけ、実績を積んで自信をつけられるか。

その場数と実績の積み重ねにより、女性の見た目が少しずつアップしていってもほとんど緊張することはなくなっていったのです。

出会いの数だけ人は成長していく

　さて、場数、自分が通用するゾーンも理解し、自信も少しずつついてきたところで、最後に「本当に好きな子はどんな女性なのか？」という問いかけをさせてください。

　私はこれまで数々の女性と付き合い、関係を築いてきました。女性一人一人が違っていて、育った環境も違えば、性格・容姿・年齢も様々でした。

　それらの経験を踏まえ、32歳にしてある１つの答えが出ました。

「自分は、年下で、小さくて童顔で巨乳、性格は常に笑っていて自分に興味を持ってくれる人がいい！」

　と。私は自分の見たものしか信じません。いろんな女性と付

き合った上での結論なんです。

　年齢に関して。これまで、特に20代前半では年上の女性が圧倒的にヒット率が高く、自分は年上と結婚するのかもしれないと思っていました。なぜなら、彼女たちは自分の知らない世界をたくさん知っていて、それを見せてくれたり聞かせてくれたりしていたからです。

　しかし年齢を自分が重ねるにつれて、違った考えが出てきました。

　自分自身にも自我（アイデンティティ）が確立されてきて、自分が教わることも少なくなってきた。年下でもいいのではないか。

　むしろ従業員やスタッフの多くが自分より若年層になり、その世代が何を考えているかを理解する上では、年下の女性と付き合う方が刺激が多くなったのです。これは、仕事に通じるかどうかも関係あるでしょう。

　性格に関して。性格は風に揺られて流されるよりも、自分はこれが好き！　これは嫌い！　とはっきり言える人が昔から好きでした。ホストになってからも、人に言われて考えの根幹を

変える人とはいずれ関係はなくなる、という実感を持ちました。

自分の好き嫌いを言える人は人に嫌われる勇気のある人で、そういう人に愛され、関係を作った方が、堅いし長いと踏んだのです。

容姿に関して。一般論として貧乳がどうとか、巨乳がどうとかを言いたいわけじゃありません。ただ自分の心と体に正直になった時、胸が大きくないと愛せないと確信したのです。

私は、セックスの続かない関係が健全とは思えません。肉体面でもずっと愛せる女性をしっかり選ぶべきです。

ホストは多い日には初見だけでも10人以上と出会うこともあります。

持論ですが、**出会いは仕事を加速させ、出会いの数だけ人は成長していく**のです。ホストクラブはそういう意味では、必然的に出会いが多くなり、成長スピードを速める場と言えるでしょう。

どんなビジネスでも同じことが言えます。私は現在、ワイン

のインポート事業、不動産事業、学習塾事業にも取り組んでおり、出会いの数が圧倒的に多いのです。

　その出会いを実のあるものにするためには、「なぜここにいて、どうしてあなたと出会ったのか」を語ること。それはビジネスにおいても非常に大きなコミュニケーション能力だと言えます。

　年齢や職業によって好みはどんどん変わっていきます。東京に住んでいて、出会いが必然的に多くなるのであれば、私としては、男性諸君の結婚は30歳以降をお勧めします。

　東京は今日大切な人と別れても、明日好きになれる人に出会える無敵の街だからです。

4. なぜ独立したのか？

「損して得取れ」
No.2時代に培った仕事意識

　私が独立したのは22歳になって半年が過ぎた、2008年7月頃でした。

　細かい話は省きますが、当時働いていたホストクラブは歌舞伎町だけでも20店舗ほどあり、当時のホスト勢力図では群を抜いたグループでした。

　私のお店は売上が月平均8000万円（現在の歌舞伎町でもトップクラスの売上）ありました。たぶんその店だけでも3000万円ほどの利益があったのではないかと思います。

　しかし私は常にその店のNo.2でした。

　前述した、ホストを始めた半年ほど後に出会った大富豪のお客様の母親が、大金を使ってくれるようになり、売上も上げることができましたが、同時に絶対に抜くことのできない強大な敵（母親の指名ホスト）を作ることにもなってしまったので

す。

　だからこそ、**「損して得取れ」**。

　当時はこの言葉をエンドレスに自分に言い聞かせていた気がします。私はNo.1になれないもどかしさと、No.2でも収入が大きいことへの葛藤との板ばさみになっていました。

　勝ち負けにこだわる私でしたので、どうしても順位がダメなら何ができるかを考え行動していました。

　まずは、この店の顔になること。

　お客様からも、スタッフからも信頼される存在になろうとしました。指名本数（当月呼んだお客様の延べ人数）や、客数（お客様の数）という、売上以外の数字は常に1位。新規で呼んだお客様の数も1位にこだわって、毎月ホストをしていたのです。

　いろいろあって店長が不在の店でしたので、振る舞いに気を使い、常にお店の中心人物でいようとしました。コミュニケーションが不足していると思ったら、率先してスタッフのミーティングを開きました。遊び心が欠けていると感じたらフットサルや、お店の出し物作り（当時は珍しかった動画制作）などを

催しました。

　そうしてお店の舵取りを、実質的にしていたのです。21歳でしたが。

　要するに、売上でどうしても1位になれないので、違うところで自分の居場所を作ろうとしていたのです。これが、社長業（マネジメント）を始められたきっかけだったのかもしれません。

　売上の伸びていないホストをどう伸ばすか声をかけたり、自信をなくしたホスト、先輩や運営者にどやされてベソをかいているホストを気遣ったり。ミーティングでの発言はわかりやすく今のお店の方針を訴え、誰よりも自分に厳しく、後輩の手本になるように心がけました。

「自分が歌舞伎町で一番売上の高いNo.2。関係者すべてから信頼されて、外見も中身も完璧なイケてるNo.2」

　これが当時のセルフイメージでした。もちろん1位のホストが抱えているお客様が持つ絶対的な財力に、いつか必ず一矢報いてやろうとは考えていましたが、それまでは歯を食いしばってこれを続けたのです。

結果的にはNo.1が辞める際、月末最終日の売上が決まる最後のオーダーで、私は総額1000万円のオーダーをぶちかまして、グループ全体で月売上最高額を叩き出し、最後の最後に勝つことができたのです。

　しかし、後の人生に活きたのはNo.1に勝った結果ではなく、No.2時代に培った仕事意識と経験の過程でした。

「安定」が私を蝕み始めた

　第1章でご説明した通り、私は借金のせいでやらざるをえない状況からホストをスタートしました。その後水を得た魚のように毎日生き生きとホストを続けていき、稼いだことによって、様々な自由を手にしました。

　それはお金であり、時間であり、何より感じたのは「選択の自由」でした。

　お金が一切なかった私はやりたくてもできないことがたくさんありました。諦めることで自分を納得させる毎日だったのです。

売上を上げてお金を得てからは、毎日寝る時間も起きる時間も自由、プライベートではお客様と会ってもよし。ホスト初期には削るしかなかった、友人と会う時間もとれるようになりました。売上が高いと出勤時間が短いのです。

　No.2時代の振る舞いで得た信頼により、お店でも自分の要望を発言できる自由を得ました。
　何よりも、毎日、毎朝思いついたものを食べられたのが嬉しかったように記憶しています（笑）。

　すべてが、自分が思い描いたように成り立っていったのです。

　しかし、ここで私は急に怖くなりました。こんな居心地のいい空間はいつまで続くのだろう、と考えるようになったのです。毎日が自由です。好きなように行動できるので、当然のごとくホストとして営業時間外でお客様と会う努力も続けていました。

　それでも、怖かったのです。

「驕る平家は久しからず」

この言葉が、寝ていると目の前に現れ続けます。「安定」という恐怖でした。

　ホストとして最高峰の結果を得て、毎月 No.1。昔のように席につくたびいびられることはなくなり、羨望の眼差しで見つめられる……。

　私はこの、何不自由ない、何の不満もない状況に危機感が募っていったのです。

　そして案の定、No.2時代ほどのギラつきをなくしていることは、体調面や給料面にも表れ始めました。急な胃腸炎で２週間休養を取り、それで No.2 に落ちたり。給料面でも毎月300万ほどもらっていたものが、200万に落ち始めたり……。

　自らの行動がそのまま表れる結果の世界で、徐々に私を蝕んでいるものが明るみに出始めたのです。それこそが「安定」でした。

　そんな時偶然にも、グループのオーナー夫妻が離婚騒動を起こしたり、福岡に出店したグループ店舗が全くうまくいかずに撤退したり。なんとなく所属しているグループもゴタゴタとし

始めて、居心地も悪くなってきたのです。

独立の入り口へ吹いた追い風

「何かを変えなければいけない」

　私は安定という、ぬるま湯から脱却する術(すべ)を考え始めます。他グループへの移籍の声もかけられましたが、職業がホストのままで根本的な解決になるか疑問でした。でも、一方で何をしようと思っても根本的に私は、ホストとしてしか成功体験がないのです。

　こうして道は「独立」という道1つに絞られていきました。

　私は、2年半ほどほぼ休みなくみっちりと働いて1億円を稼ぎました。さらにお金も住居と衣類くらいにしか使っていませんでしたので、幸いキャッシュは、ほとんど貯金という形で稼いだ額の半額、つまり5000万円が残っていたのです。

　次に私は、周りに仲間がいるかを確認しました。所属店のオーナーからは、独立はいいが、従業員の引き抜きだけはやめてくれと言われていたので、それ以外で探すことになりました。

まず自分が商売っ気がないことに気がついた私は、中高大と一緒に過ごし、ホストを始めるときも背中を押してくれた友人を誘います。彼も22歳で就職せず、家業を手伝っていたところでした。

次に声をかけたのはホストクラブで出会った２つ下の後輩と３つ上の先輩と同期の３人でした。

この３人とも、ホストはいろんな意味で中途半端に辞めていましたので、燃えるものを焚きつけて参画してもらいました。

兎にも角にも私にとって幸運だったのは「年齢が若かったこと」です。急に「店やるからやらないか？」と告げられて、22歳の同級生や元仲間が「面白そう！　やる！」って言ってくれるレスポンスの速さがあったのです。

これがもし30代後半で、家族もできて……という状況だったら、こうはいかなかったでしょう。

自分の周りに独立への追い風が徐々に強くなっていくのを、こうして常に感じることができたのです。

このように、独立しようと思った一番のきっかけは、「不安定へのチャレンジ」でした。私はぬるま湯の中でチャレンジを忘れ、いつのまにか安定を求めていました。緊張感のない中でホスト人生を過ごすより、2年半という短いホスト人生にしっかり終わりを告げて、5000万円という大金を使って大勝負に出たのです。

ホストクラブを作るには何が必要か

起業するには3つの柱が必要です。言い換えれば、これさえあれば事業はできます。

1. 夢とビジョン
2. 資金
3. 信頼できる仲間とアドバイザー

まず、夢とビジョン。
私には大きく分けて2つの強みがありました。それは当時まだ「現役大学生」であったこと。そしてもう1つは、限りなくでかい夢を見られることでした。

「やりたいことがない」なんていうのは自分をごまかす嘘です。私には数え切れないくらいやりたいことがありました。そしてそのほぼすべてが、今の自分のままでは叶えられないものだったのです。自分自身も成長し、自分自身がより大きな夢を叶えるために創業を決意しました。

そして誕生したのが「日本初！ の現役大学生ホストクラブオーナー　流星」だったのです。

ここで気づいたことがありました。
私は、ずっと進化し続けている自分でないと飽きてしまうのだと。ホストを始めてから、経営者になっても常に髪型、体型、考え方を変化させています。すべてにおいて今より良くなるように気をつけている自分にも気がつけました。

次に、資金面です。
ホストクラブの場合、3000万〜5000万円が必要です。坪単価や内装、WEBコンテンツ、広告や備品にどれだけお金をかけるかで総額は変わってきます。
私はホスト時代に仲良くなった詐欺師みたいな広告代理店のおっさんに騙され、1.5倍ほど無駄に初期費用がかかってしまったことも追記しておきます。
無知は損だということにも気づけました。

そして、信頼できる仲間とアドバイザー。

　ここが一番難しかったかもしれません。単に水商売ということを言い訳にしてはなりません。すべては私が幼稚だったことで、仲間と離れ離れになることが何度もありました。

　仲間がお金のトラブルや方向性の違いで、離脱してしまうこと。その痛みに耐えるのは20代前半の私にとって、一番の試練でした。

　基本的に性善説の私ですが、時に抑えきれなくなるほどの怒りや悲しみを味わったのも起業後です。男同士の別れがこんなにも辛いことなのを20代前半に知られてよかったかもしれません。

　それでも前進しなければならない勇気、そして感情のコントロールを学ぶことができました。

独立後の10年。
自身との闘い、国税との闘い

　独立してからの10年を時系列で追っていくと下記のようになります。

1）自身のカリスマ性で勝負

　初めは「イケイケの22歳経営者」でした。迷いもなく、とにかく自分は100％正しい。自分が思った通りにうまくいくと信じて日夜運営していました。
　正しいか間違ってるかで仲間と衝突することも多く、「正しい間違ってるではなく、どうしたらうまくいくか」で話すべきだったと今は感じています。

2）3店舗目までは紆余曲折しながらもうまくいく

　どんどん夢もビジョンも広がり続け、1年に1つは新店舗を展開することができました。しかし、組織がデカくなればなるほど、自身の声が末端まで届かなくなることに気がついていました。

3)「ホストはこうあるべき」という自身の固定観念が邪魔し
　ていることに気づく

　自分の中に一種のエゴのようなものを自覚するようになります。「俺がやればうまくいくのに、なんでお前たちはできないんだ」という心情です。トップダウン型の組織の限界、自身のマネジメントの限界を感じました。

4）現場を離れ、信頼できる右腕の同級生に運営を任せてみた

　そして、思い切って現場を離れることにしたのです。これがうまくいきました。私は空いた時間を使い、人脈形成、そして新事業や投資に乗り出します。でも、その半分が失敗に終わりました。出前専門店に無料案内所、ポータルサイトも作りましたがうまくいきませんでした。

　FXでポケットマネーを2000万円ほど溶かしたことも覚えています。

　これらの失敗すべての原因は「夢とビジョン」の欠如でした。
　夢とビジョンは日頃から語り続けないと磨かれないし、実現に近づかないし、実現しない。語らないと忘れてしまうものだ

と理解しました。

5）国税局の調査

　私の代わりに経営をしてくれた同級生は商売の家に生まれたこともあり、グループを大きくしてくれました。
　そんな時、突然現れたのが**国税局資料調査課の100名部隊**でした。

　忘れもしない、2010年9月11日朝8：30。

　一斉調査が始まり、私を含めた各店舗代表者の家に国税局員が大勢押し寄せました。これは震えるくらい怖かったです。歌舞伎町でビジネスしていた私が言うのだから間違いありません。どんな人種よりもこの人たちの方が怖かったです。

　3ヶ月にわたる調査の結果、しっかりと税金を納めて感じたのは、こんなにもストレスになるくらいなら、税のことをもっとしっかり学ぶべきだということでした。

6）組織改革を誓う

　28歳のある日。毎月のミーティングに行くたびに、疲弊して

る社員や、「なんとなく長く続けている」ホストの存在に気づいてしまいます。

　あれ、このグループって5年後どうなってんだろ。自分が30歳になった時何を成し遂げてるんだろう。そう考えたら、いてもたってもいられなくなりました。

　私の仕事は、このグループで働くすべての人材がそれぞれ自分以上の成功を収めること。そのためにはもっと運営を強化しなければならない。

　手当たり次第にほぼすべてのことにテコ入れしていきました。ただ、どう頭を働かせても、自分以上のアイディアが出てこないもどかしさに直面します。

「もっと自分以上の人材を見つけなくては」

　そうして私は、自分にはないアイディア、知見を持った人を探しに探しました。もちろん改革も行いながら、です。ここでの出会いについて詳しくは、第3章でご説明しましょう。

第 3 章

ホストクラブのマネジメント

host 2.0
RYUSEI KUWATA

人は見かけによらない

　私は基本的に、敬意をもって相手に接する、というスタンスを取っています。それは相手がどんなにみすぼらしい格好をしていても、人は見かけによらないからということを身をもって知っているからです。

　ホストクラブにご来店されるお客様の中には、自分の着るものや身につけるものに全くお金を使わずに、着の身着のままでホストクラブに来店され、大金を使っていく女性は珍しくもなんともありません。

　彼女たちの価値感はホスト＞衣食住なのです。好きな担当ホストに惚れ込み、大金の対価に優しく接してもらったり、時にドキドキの喧嘩をしたりして日々を過ごします。

　私は彼女たちみたいに人に没頭したことがなかったので、密かに尊敬していました。人にそこまで執着したり、我慢強くいられる姿は時に美しくも見えたのです。

　ただ同時に、自分と同じ価値観の人しか受け付けない部分も彼女たちの中に垣間見られました。ホストクラブに通う女の子

の8割方は、友達が多くありません。それは自分の価値観を認めてくれる人が少ないからなのでしょう。たとえば、人妻がホストクラブに通うことを受け入れがたく思う人がまだまだ日本では大半だと思います。

私が付き合う上で大切にしていること

　私は、島田紳助さんの著書に書かれていた、「老後に持ってくべきものは3つ、1.お金、2.友人、3.筋肉」という言葉を大事にしています。そして、その中でも「友人」を重視しています。自分の可能性を広げてくれるのも友人。自分が知らない世界を提供してくれるのも友人だからです。

　ホストクラブに入るか入らないかの選択を相談できたのも友人、起業した後に私をサポートしてくれたのも紛れもなく友人でした。その上で付き合う人の選び方を記します。

（1）面白い＆面がまえ
　なんでもいいんです。特徴があれば私はすぐに惹きつけられます。家族構成、生き方、考え方、容姿。これらに特徴があればすぐに友達になれます。特に私が最近多くの人と会い、感じ

るのは、「面がまえ」がポイントということです。やはり今までの人生をどう生きてきたかは会話と顔に出ますね。

（2）お金関係に厳しい人

　自分自身がもう二度とごめんだという思いをしたのは「お金」に関してです。金の切れ目は縁の切れ目とはよく言ったもので、実際「お金」で様々な人間関係に傷を負いました。お金を貸してと言ってくる人、お金をぼったくろうとする年配経営者、お金に価値を置きお金で縛ろうとする人たちもいました。その人たちはみんなお金によってどこかに消えてしまいました。

　25歳頃にようやく気づけたのは、お金を好きな人ではなく、お互いに最低限の節度は守り、お金なんかで関係を切りたくない人と付き合うようにしようというものでした。

（3）ビジネスで win-win の関係を作れる人

　夢によって出会う人たちすべてと繋がれるのがビジネスの醍醐味です。その中でコーチング（詳細は後述）と出合い、私は壮大な夢を30歳を過ぎて見られるようになりました。付き合う人は描く夢の大きさでアップデートされていくのです。

　夢を追う過程で出会う人たちが、とてつもなく価値ある人に思えるようになりました。やりたいことを描くと、そのやりた

いことに必要な人を思い浮かべます。そうすると不思議なことに、思い描いていた以上の人に巡り合えるのです。

私の夢は年商100億円企業。社員25人を全員社長にすること。
そのためには、すべての事業を成功させるブレーンチームを作らなくてはと考えました。そこで、様々な方面に人材のイメージを伝え、こんな人材いないか？　などと問い合わせをしました。そうすると、異色の経歴の持ち主と次々に出会えました。
夢を描けば言葉になり、言葉は人を動かし、人と人を巡り合わせてくれるのです。優秀な人と付き合ったり、人脈を形成したいなら、とにかく夢を発信すること。その夢のために必要な人しか集まってこないのだと改めて今、実感しています。

プレイヤー第一主義にメスを

第2章で述べた通り、昨今のホストクラブは時代背景も変わり、理不尽な上下関係もなくなってきました。しかし、依然としておかしいなと思うことがいくつかあります。

まず第一におかしいなと感じるのが、「プレイヤー第一主義」すぎるということです。

売上を上げて、店を盛り上げているホストたちは賞賛されるべき存在ですし、輝き続けてもらいたいと思います。ですが、ホストにスポットライトが当たる一方、運営をする「内勤」と言われるポジションで働く人たちはこれまで窮屈な思いをしてきました。

　内勤の主な仕事は「付け回し」ですがその他にも、キャッシャー業務、日々のスケジュール管理や給料計算などの総務・経理、そして一番重要と言ってもよいマネジメントです。内勤はなかなかのスーパーマンなんです。
※付け回し：ホストを席につけたり、抜いたりして、お店を回していくこと。
※キャッシャー業務：日々の会計、伝票の取りまとめ、現金出納帳や集計表の入力。

　しかし多くのホストクラブのトップホストたちは、この立場の人たちを、「売上を上げられない雑務要員」だと認識しています。

　こんなにたくさんの仕事をしているのに報われない、ホストにこき使われる、ホストの文句や愚痴の吐きどころになっている……。私は現役時代からこの立場の人たちを見て、夢を感じ

ませんでした。

そして、自らが社長としてマネジメントをしていく中で、この仕事の重圧と重要性に気づきました。

「ホストを生かすも殺すもこの人たち次第。この人たちに夢を持って生き生きと仕事してもらえないと、この先の店舗展開、事業展開はありえない」と。

そこでまず着手したのは給料面でした。「ホストよりも稼げる給料システムを作ろう」。そうしてできた内勤の給料システムでは、店長職で、なんと……

年収2500万円を狙えます！　金銭面での夢を具体的に形にしたのです。

ホストクラブ初のキャリアパス制度

次に着手したのが、「キャリアパス制度」の導入です。

「キャリアパス（Career Path）」は日本語に訳すと「キャリア

を得るための道」となります。

　言い換えれば「昇進するための道」となるでしょうか。企業の中でどの仕事をどれだけ経験し、どのようなスキルを身につけ、どのようなレベルに到達すれば、どのように昇進できるのか、その条件や基準を明確にすることで、従業員が自らの目標に向かって取り込むことができる制度です。

　ＮＧＧ内は大きく分けて、店舗と経営管理部に分かれています。

　店舗では「内勤→サブマネージャー→マネージャー→副店長→店長・代表」というラインがあり、それぞれ基本給、歩合、ボーナスの金額を設定しています。経営管理部では、「担当→主任→部長→経営管理部長→事業統括→経営陣」となります。これらを全従業員が見られるよう、透明にしています。

　そしてＮＧＧの強みはもう１つ。グループとして、ホストクラブ事業部、バー・飲食事業部、ワイン商社事業部、学習塾事業部、コンサル事業部、不動産事業部を持っていることです。
　つまり店長になった後は、新規事業をやったっていいわけで、自分で下記３つのいずれかをを目指すことができるわけです。

1）5000万円の店長＋違う店舗の代表
2）複数店舗の代表＋別の事業の代表
3）5000万円の店長＋別の事業の代表

　評価システムも、「売上」「在籍年数」「客数」「やり抜く力」「誠実さ・正直さ」など各項目の点数の合計点を「基準点」とし、その点数によって昇格が、時には降格が決まります。3ヶ月ごとに、目標設定→中間面談→評価のサイクルを繰り返し、約半年ごとに査定を行っています。

　こうして出来上がった制度により、全社員が透明かつ平等に夢を見られる形が整いました。

　最高の舞台で、最強の部隊を作る準備は整った。あとは優秀なマネージャーをどれだけ得られるか。

　組織を改革しようとする際は、まず第一に「ビジョン」が重要です。そして、理念を固め、最後に年功序列を撤廃したクリーンな人事評価を下し、夢を形にするキャリアパス制度の導入をします。

　ここまで来たら、紹介でも募集でもとにかく「人が欲しい、

紹介してくれ」と発信し続けることです。

　私はなりふり構わず、業種、立場、関係性にとらわれずに様様な人に発信し続けました。少しでも可能性のある人には、即日アポ取り。会って話せば必ず口説けると確信していました。

　こうして今日、とてつもない才能がNGGには集結しているのです。

業界初、コーチングの導入

　私自身、勢いで起業した手前、マネジメントを社外で研究したこともなければ、講座などを受けたこともありませんでした。

　積極的に学びに行ったことといえば、サッカーに関してのネット記事や雑誌に載っている、記者からの目線で監督やオーナーをひもといた文章を読み漁ったり、本ではなく海外ドラマとか漫画からその時々刺さる言葉を引用したり、グループのカラオケバーで出会う富豪の方々に実体験に基づく話を聞かせていただいたりしたことくらいです。

要は、なんとなくこうするんだろーなー程度の知識と、自らの実体験を照らし合わせ、今の組織にはこの言葉が必要だ！という、とても感覚的なマネジメントを行っていたのです。

　ここに関しては、創業時よりかなり苦しんでいた部分でもありました。

　人を惹きつける点に関して自信はありましたが、社員全員を輝かせられている確信が持てなかったのです。なんとか素晴らしい人材に支えられて８店舗ほどのホストクラブとバーを持てた後も、この点に関してはズルズルと引きずる毎日でした。

「業績が頭打ちになってるのはなぜか？」

　ホストや社員が辞めていくたび、居心地が悪いんじゃないか？　社員がもっと生き生き働ける環境にするためにはどうしたらいいのか？　と日々悩み続ける毎日でした。

　そんな悩みを抱えていた2017年の５月頃。

　歌舞伎町でとある投資コンサルティングの会長職の方に出会いました。その方の会社の業績はうなぎ登りで、口癖が、
「金は使っても減るもんじゃないな！　金なんて降ってくるか

らなぁ！（笑）」
　という、かなりパンチの効いた方でした。私はそんなにうまくいっているなら、ぜひＮＧＧにも取り入れたいと考え、社長に業績アップしていない現状の悩みを打ち明けたのです。

　どんな魔法を使ってるのか、どんな斬新なアイディアを出し続ける人がいるのか？　など、とてつもない圧倒的で斬新な提案が来るのでは、期待していました。
　ところが、悩みを聞いて返ってきた言葉は意外なものでした。

「いろんな人にそういう相談されるんですけどね、うちは社外の方に人材育成の研修してもらってるだけですよ」

　正直拍子抜けでした。斬新なアイディアではなく、なんと研修!?　研修なんてうちはすでに形が出来上がっているし、毎月の会議もやってるよ！　半信半疑で質問を続けました。

「なぜ、研修なんかだけで業績が上がるんですか!?　信じられません」
「ははは、そうですね。いろんな人にもそう言われます。興味は持つけど実際にやってる人はいません。でも私は人材育成できるからこそ会社であり、育った人材が会社をまた育てる、と

いう循環だと思うんですよね。弊社には御社のように、戦闘力の高い、いわゆるイケてる方はおりません。そんな彼らでも、夢を持って凄まじい業績を挙げてくれているのは、この研修をしてくれている方のおかげだと思っています。会ってみますか？」

　目から鱗(うろこ)でした。たしかに、会社を形成してるのは人、その人たちが優秀になればなるほど素晴らしい業績を挙げる。即座にアポイントを取りお会いしたのが、南さんでした。

社外コーチング「株式会社CLI 代表　南勇大」との出会い

　彼の経歴は特に見ず、どんな人かは会ってから見極めたいと感じ、ネット検索も一切しませんでした。会って早々、どんなことをやっているのかを聞くと、こうおっしゃいました。

「多くのコンサルタントや研修は、現状分析から入る。そこで数字を出して、研修コンテンツを用いてマネジメントしていく手法です。
　しかしながら、私の研修はまず、『夢・ゴール』の設定から入ります。そして、研修というコンテンツを売るのではなく、

プロジェクト型研修と呼ばれる、研修で自分の目標を立て、それに向かってアウトプットし、発表を行う。その繰り返しになります。
　経営をしていても、社員をしていても、皆さん同じ業種に基本的にはいることになるため、多くの人が固定観念を持ちます。
　この固定観念を破壊して、新たなイノベーションを起こす。ここが社外の私にしかできない役割です」

　私は最後の言葉に衝撃を受けました。
　固定観念に悩まされ、自分自身がどんどんどんどんちっぽけになっていきそうな妙な閉塞感があったからです。

　それに、経営者としてアドバイザーを求めていた時期でもありました。経営者になり、約8年。社員からの新たなアイディアも少なくなり、私自身も新しいことをしなければならないと感じていた矢先に飛び込んできた「社外の私にしかできない」こと。
　自らの立ち位置を最大限に活かせることを伝えるのに、これ以上の言葉は必要ありませんでした。

　気がつけば私は、南さんの研修を受けた後の如く、自分の夢を語り尽くすまで語り、自身が会社をどうしていきたいのか？

何を成し遂げたいのか？　遠慮なく吐き出し続けていました。

「夢を共有できる人」、夢を共に考え、共に歩んでくれる人を私がどれほど欲していたことか。もちろん社員にもたくさんいました。が、社長はあくまで社長。孤独なポジションです。そこに差した一筋の光明。

即座に研修のお願いをさせていただきました。年齢が同じだったことも、フィーリングとタイミングが重なった理由かもしれません。

研修は自分を変えたい人だけ出ればいい

南さんの研修はスタート時のモチベーションをかなり重要視していました。要するに、やる気のない人は、出なくていいということです。
え？　組織を大きくしたいなら、まず全員やらせるべきなんじゃないの？　と皆さんお思いでしょう。私もそう思いました。しかし、南さんは全く新しい考えを提示したのです。
研修は、出たい人、自分を変えたい人だけ出ればいい。嫌々出ている人がいると出ている人たちの質が落ち、研修自体のク

オリティが下がる、とのことでした。

　私はまず研修意義を周知し、参加するかしないかは各自の意思に委ねました。
　次に南さんからのアドバイスを受け、研修は役職上位者から受けさせることにしました。なお、南さんの研修単価が高かったため（最初はなんと１人２万円）、参加意思を測る意味もありました。

　集まったのは全社員の２割ほど。予想された少なさでした。
「まずはここから」
　集まったメンバーはＮＧＧを本気で変えたいと願うトップ幹部と、自由参加しかも有料の中、手を挙げた有志でした。そこから、ＮＧＧの改革が始まったのです。

現場に出ずに、現場を見える化する

　南さんは投資コンサルティング以外にも多種多様な業種で研修を行っています。飲食、美容、アパレル、小売業、保育、介護、医療など、幅広い業種の方々に研修を行っていたため、常に最新のビジネスモデルを把握していました。ここからホスト

クラブ業に活かせる知見を、惜しみなく教えてくださいました。

　ただし、南さんはいつもこう説(と)きます。

「私はホストをやったこともありませんし、やれません。どうやったらうまくいくのかについてはあなたたちの頭の中の方がずっと詳しいです。私はそれを出すお手伝いをするだけで、その後実行していくのはあくまであなたたち自身ですよ」

　と。その通り。私たちが変革していくのです。誰がやりたいかって、それは私であり、私たち自身であるから。厳しくも、一番気の利いたセリフとして、いつも心に刻んでいます。

「研修はあくまで月に2回の計6時間しか行いません。大切なのはこの研修を点と点で終わらせず、線にすること。あなたたち自身がその間の2週間でどう動いたか？
　それを会話で読み取り、フィードバックします」

　研修は受けるにあらず、参画すべきもの。発表ベースの研修は初めてでした。今まで、場をしっかり作っての発表は、先月の売上などの「結果」を見ることでしかやっておりませんでした。

社員一人一人が何を考え、どう行動したのかが発表することで明確になり、一人一人がお店で誰にアプローチしたのかも明確になったため、私自身が現場に出ずとも状況を把握でき、次に何をすべきかの戦略提案が可能になったのです。

「現場に出ずに、現場を見える化する」

　本当に画期的な研修でした。

「なんでも社内完結」の時代じゃない

　現在ＮＧＧは、広報、財務、人事の３部門をすべて社外の人材でまかなっています。「優秀な人を低コストで雇う」ために必要な手法です。
　もし読者の方で今後起業を考えている方がいらっしゃるなら、以下のことをお勧めします。

・経理は信用できる人、裏切られてもオッケーな人を。できれば身内で。

・優秀な人を社員として雇用する時代は終わりました。今後はフリーランスを外注する時代。様々な業者で成果を残している人を低コストでスポットで雇う時代です。

・人材育成は、年商10億円を超えてからは本気で取り組むべきです。稼業から事業へ。人材育成に予算を投じるべき。そのタイミングでぜひ社外コーチングの導入をお勧めします。

・憎まれ役とも言われる人事も社内で担当者を置く必要はありません。社外で評価制度を設けてもらい、面談してもらいましょう。

・マーケティングも社内に担当者を置く必要はありません。優秀な人は様々な業種で成果を挙げている人に限ります。

　自社で、上記の人材を育てるとなると膨大なコストがかかりますし、1つの業種にとらわれている方では、成長することができません。

多角事業化と
パラレルキャリアを重宝

　社外の方との仕事関係はまず今流行りの忖度(そんたく)がありません。
　忖度がついて回るから、生産性が落ちる。関係性にもよるので一概にそうとも言えませんが、多くの企業が人間関係のコミュニケーションでつまずく場面が多く見られます。

　ここを社外との関係に置き換えてみるとどうでしょうか？　たとえば弊社ではホームページ制作などのWEB関係をすべて一括外注しています。それも制作会社ではなくフリーランスに。今の時代、ロゴや小さなグッズくらいであれば、ランサーズ、クラウドワークスなど多くのフリーランサーたちと手を取って仕事を進められます。

　必要なのは発注側の要件定義と、受注側の納期・制作スケジュールくらい。いちいち、あれ作ったか？　やったか？　みたいなマネジメントが不要です。私も一時期デザイナーを雇用していましたが、なかなか自社でデザイナーを抱えるのはリスキーなものです。

　WEB関係は、知識がない社長だと仕事を大きく捉えがちな

のでうまくいきません。実際にはディレクション、デザイン、コーディング、ライティングなどなど様々な分野に細分化されています。ですから、簡単にホームページ作ってよ、と依頼しても実はデザイナーだと専門外だったりして、うまくいかないわけです。

社外WEBコンサルタント「StockSun株式会社代表 株本祐己」

　正直、自分より年下でイケてる社長をあまり見たことのなかった私は、WEBコンサルタントという、なかなか知識のない人にはわかりづらい仕事の方に出会います。当時26歳の株本社長です。

　そう、この出会いもきっかけは、私が学習塾事業に参入したことでした。多角事業化したことでの恩恵です。やはり今イケイケの企業には優秀な人材が集まってます。学習塾については後々ご紹介するとして、この株本さんがまたまたイケてました。

　彼を一言で表現するなら、

「世の中に何がウケるか常にアンテナを張り、自分を大きくプロデュースすることに長けている」

　面白いエピソードがあります。

　彼は出会い系アプリで彼女を探していました。アプリ名は伏せますが、そのアプリにはマッチングしてイケてると思った方には花束と呼ばれるバラを贈れる機能が付いていました。彼はモテるためには何をすべきか考えます。

　そう、「バラが多く集まってる人に、人は集まるんじゃないか」という点に着目したのです。彼はマッチングで出会った何人かの女性に資金を渡し、その花束を贈ってもらうことで自分の価値を高めていきました。

　結果、１万3000円くらいの投資で、アプリ内でダントツの１位に。こうして素晴らしい美女とお付き合いすることができたのです。

　ここで彼が実践したのは、ターゲットに何がウケるかマーケティングし、投資し、そうして自己をプロデュースするということです。

私は、プライベートで女性を口説ける人は基本的にはビジネスでも戦闘力高めの人材と思ってます。女性を口説くために、どんな自分でいるべきなのかを演じられるからです。ビジネスも同じでしょう。

　株本さんは、ビジネスでも様々なパワーを発揮しています。特に、相場感の把握、交渉術、スタンスの取り方に長けていました。

　彼のビジネススタンスは、「常にクライアント側」であり続けること。そのため、クライアントである我々の要望を低コストで実現してくれます。WEBビジネス界に長くいることにより、相場感を把握しており、YouTuberなどももともと価格のないものに対しても物怖じせずに交渉していきます。

　おかげ様で、今や採用数・集客力において、歌舞伎町、いや全国で、ＮＧＧが業界一のWEB戦略を打ち続けられているわけです。

フリーランスの時代がやってきた

　その株本さんのもう１つ優れているところは時流を読む力で

す。彼の会社は社員は彼1人、他のスタッフはすべてフリーランスという最先端の企業です。業績は出会ってからうなぎ登りで、2018年8月現在では年収7000万円を突破しました。

　大手企業からの受注も最近では多いみたいです。ノリに乗ってます。

　彼は、社員の場合は仕事を振ると時に嫌がられることもある、でも、フリーランスなら仕事を振ると喜んでやらせてもらいますというスタンスだと気づきました。

　そこからTwitterで、全国のフリーランサーの王になるべく発信し続けました。全国のフリーランスを集め、StockSun株式会社を通して受注すれば誰もがwin-winじゃないかと。仕事を欲しがるフリーランスと、低コストでスポット発注したい企業とのマッチングが成立したわけです。

　私は、この経営方針は今後主流になっていくと思います。大手企業も高コストの社員は副業OKにして、他の企業とシェアリングし人件費を下げる。そして、仕事を振っても喜んでやってもらえる関係を築く。やらない企業は潰れていくでしょうね。

ＮＧＧもビジネスの気流を株本さんから察知しています。ＮＧＧの事業多角化の理由はここにありました。企画、人事、総務、営業、財務、広報という６つの経営の柱を横軸に走らせ、各事業を縦軸にし、バックオフィスと経営戦略室を多角経営によってシェアリングしすべての事業を成功させる。トップダウン型の組織からマトリクス型の組織への方針転換を行っているのです。

　今のところは大成功です。1つの事業ではなく、様々な分野の知識や経験が得られるため、忙しいけれど社員が楽しそうに刺激を持って行動してくれています。

　社員一人一人のパフォーマンスを余すことなく引き出せています。ゆくゆくは、６つの柱の人材すらフリーランス、副業化してもいいのではないかと感じています。

　稼げる人、1つの事業で力を発揮できる人なら、もう1つの事業でも絶対成功できます。成功に必要な能力は実際どのビジネスでも一緒な気がしてます。そんな人を1つの事業にとどまらせていることの方がもったいないですよね。

　そもそも、1日24時間仕事だけしたいって人もいるわけです。

実際私も、6時間はホスト事業、3時間は学習塾事業、2時間はバー事業、1時間はワイン事業……と次々と頭を切り替えてこなしていくと、意外とできちゃいます。

　あとはどうマネジメントするかですが、先に述べたコーチングによってかなり効果的に人を動かせております。

5年以内に100億円企業、社員25人を全員社長へ

　なぜ社長なのか？　個人事業主でも法人化でもいいですが、やはり代表、社長として自らの会社や事業を起こし、自己責任の緊張感を持ってどんどんチャレンジしていってこそ挑戦と成功に思えるからです。

　会社にぶら下がっていても新しい発見はなく、きっと気づいた時には老いてしまっています。新しい発想のない人は稼げない時代です。社長になって、遊びながら仕事して、仕事しながら遊べばセンスが磨かれます。遊ぶためにはお金が必要です。お金を稼ぎたいならやはりリスクを取ってでも起業すべきなのです。

2018年の秋からは「社長塾」という研修を開始しています。起業したい人だけが参加できる少数精鋭のＮＧＧ独自の研修制度です。

社長を作りまくって、25人の社長が衣食住にとらわれず様々な分野の「やりたいビジネス」に進出し、グループでそれぞれの成功ノウハウを共有する。

そこでは社内外にたくさんの優秀な人材がいて、それをマネジメントできる人がいて、みんなやりたいことしかやってないからコミュニケーションがスムーズで生産的。

楽しくて仕方ない夢の職場が待っていると思いませんか？

なぜ学習塾「武田塾」を経営するのか

学習塾「武田塾」の林尚弘社長と初めてお会いしたのはずいぶんと前でしたが、2017年春頃に、この２～３年で全国に校舎がどんどん増えてきているというのを聞いて、なんだか面白そうだなと思い参画を決めました。

ホストクラブでもそうですが、私は基本的に「若者相手」「若者メイン」の仕事をしたいと思っています。

これはなぜかというと、やっぱり若者には夢を持って日本で生きていってほしいからです。私も夢を持ち、まがりなりにも歌舞伎町で成功したからこそ今の姿があるんです。そして、自分がそうなれた行動なり努力なりは、他の誰もが特別な能力がなくてもできる内容ですし、なればこそ若者相手にも伝えたいと考えました。中高生相手に夢を実現させるビジネスができたらいいな、とずっと思っていたのです。

それとは別に理由がもう1つ。武田塾の「授業はいらない!」というコンセプト、参考書を中心にとにかく「自学自習」を徹底させる、というメソッドに惹かれたからです。

これには私の「中学校受験での実体験」、さらには「大学受験未挑戦コンプレックス」が関係しています。

私は子供の頃、大手学習塾「日能研」に通っていました。しかし、他の子供たちと同じ授業を受けていてもなかなか成績が上がらない。もう諦めてしまおうか、という時に、母と塾長と三者面談することになりました。

結論から話しますと、塾長から言われた言葉は「君、毎日来なさい」の一言でした。

毎日？　なんて突拍子もないこと言うんだ……と初めは思いましたが、そこは子供です。素直に毎日毎日学校が終わってからすぐに自習室に通いました。授業のない日も自習室に通い、授業のある日は予習して授業出て復習して、という繰り返しをやっていきました。

　その結果、たった1年間で、偏差値が15ぐらい伸びたんです。45とかだったのが60ぐらいになった。60といったら、僕が第1志望だった浅野中学（神奈川県有数の進学校）も十分に狙える。これはとても自信になりました。
　絶対受かってやる！　と前向きな自信がついたのです。

　そして第1志望・浅野高校、第2志望・國學院久我山、第3志望・サレジオ学院の受験に臨みました。結果として國學院久我山とサレジオ学院に受かり、第1志望は落ちてしまいましたが、めでたく國學院久我山に進むことができました。

勉強も仕事も「自学自習」が肝

　こういう実体験がありますから、やはり結局は「自分で勉強しないとダメだ」という認識を持っています。

その後の中学・高校時代は、授業を淡々と受けているだけで成績が伸びず、そのままエスカレーター式に國學院大学に進みましたが、ふと「自学自習」を学生時代に継続してやっていたらどうなったんだろう？　東大とはいわずとも、早慶、ＭＡＲＣＨクラスには行けたんじゃないか。そうしたらまた違った人生が……いや今の人生には満足していますので、正確には、人生の選択肢はさらに増えたのではないかと。もったいなかったなあってたまに思うんです。

大学受験にチャレンジしなかった自分。なんだか諦めちゃった自分は、ダサいなっていうコンプレックスがありまして、じゃあそういう若者を作らないために今、自分に何ができるか？

それが、「日本初！授業をしない。武田塾」を自分でも展開していくことだったのです。

武田塾の自学自習と仕事は本質的に同じです。私は常々社員に唱えている言葉があります。それは、「成果を出すには、１人でいる時に何をし続けるか？」です。

皆と同じ行動をしても成果は出ません。会議や飲み会をしてももちろん構わない。でもそれが毎日で、しかも皆と同じ行動

をしていたら何も成果は挙がりません。成果を出す人間は、1人の時間にこそやるべきことを決めて行動しているのです。

　受験生なら自学自習を。ホストなら1人でも多くのお客様と連絡を取る。マネージャーなら1つでも課題をクリアしていく。自学自習の本質の部分にこそ、仕事で成果を挙げることと、成績を上げることの隠れた一致点があったのです。

　現在私のグループでは、3校舎を運営させていただいております。とにかく武田塾に通う中高生たちには、後悔しない受験勉強をさせたいと思っています。現在、「5年以内に10校舎展開。全校舎生徒数100名」を目標に日々社員一丸となって職務に励んでおります。

　武田塾は林尚弘社長のお人柄もそうですが、とにかく「勉強の仕方」を教えるコンテンツが素晴らしいので、日本の未来を背負う優秀な若者が私の塾からもどんどん輩出されていくと確信しています。

ホストクラブ⇔塾双方向で
ノウハウを活かす

　塾の経営の目的は中高生育成だけではありません。

　前述した通り私は「ＮＧＧグループ従業員全員が社長」を目指しています。その上で、グループのパラレルキャリアとして一見全く反対の事業ですが、実は一致率の高い武田塾を経営したっていいじゃないかということなのです。

　武田塾はフランチャイズでここまで大きくなった会社ですが、基本的な組織運営ではコミュニケーションをしっかりとって160以上（2018年12月現在）の校舎が一丸となっています。私も、林塾長の経営ノウハウが活かせたことが数多ありました。通常、他会社の経営ノウハウを体験することは、そこの社員になったとしてもなかなかハードルが高いでしょう。

　なぜなら、経営陣にいきなり入っていけるわけではないので、経営を学ぶというより通常業務で手一杯になることが多いからです。かといって、いきなり経営陣に入るのはどの企業でも至難の業です。

そこをフランチャイズのオーナーとして経営参画したことにより、経営側として多くのことを学び、塾長や本部の方だけでなく、オーナー同士の横の繋がりから学んだことも多々ありました。

要するに、成長著しい事業のノウハウをフランチャイズ加盟したことによってほぼほぼタダで熟知することができたのです！　そこで得たノウハウをホスト事業に。また、ホスト事業で培ったノウハウを塾事業に活かせたことが多々あって、今の成功があるのだと自負しております。

塾長の使う言葉で大好きな言葉があります。

「集合天才理論」

これは１人じゃ解決できない課題も、優秀な人が集まれば解決できるという理論です。まさに武田塾の新たなフランチャイズ形態から私が得た恩恵でした。今ではホストクラブの経営課題を相談するオーナー仲間もたくさん増えました。違った観点からのフィードバックを受けられる環境が武田塾にはあったのです。

余談ですが YouTube を使った採用ＰＲも、武田塾が行って

いる「武田塾チャンネル」を参考にさせていただきました。武田塾もＮＧＧも、認知度は日に日に高まるばかりです。

ロールモデルをたくさん持とう

　道に迷った時、声をかけてくれる存在は大切です。その人たちの声に耳を傾けて、自分が信じる道を進む、私はその都度その都度恵まれていました。

「聞くは一時の恥、聞かぬは一生の恥」

　知らないと恥ずかしいことも無知と思われることも、無邪気に聞けるのは20代です。知らない、わからないことはすぐに調べる、人に聞く！　これを徹底して繰り返すべきでしょう。すると、30代になっても、後輩だろうが部下だろうが、彼らから自分が知らないことをワクワクした気持ちで聞けるようになります。
　まだ知らないことがあるというのは、世の中をもっと面白くできる大発見に繋がるのです。

　そして、ロールモデル（こんな風になりたいと思える人）をできるだけ多く持ちましょう。進むべき道の最先端を歩んでい

る人は、苦しみも経験済みです。その経験を知り、糧にする。たくさん相談対象も増えます。

　迷った時、その内容によって相談対象は変わってきます。もし悩みを解決できる人がいなくても、ロールモデルたちに向けて発信する。あなたが普段から周囲の人を大切にしている方なら、きっとあなたにぴったりの人を見つけてきてくれるはずです。

　そしてこのロールモデルづくりは、参考にするということだけでなく、自分以外の他人を認めるという意味でも大切です。

「尊敬する人は自分、自分がすべてだ！」という人より、「自分には尊敬する人や生き方を参考にした人がたくさんいる」と言っている人の方が、魅力的に思えますよね。

　私は本章のように、常に自分の人生を語る上で、自らの人生に多大な影響を与えた人たちの話を必ずするようにしています。

「私を作ったのは私だが、私をここまで連れてきてくれたのは、紛れもなく周囲にいた人たちの力である」と確信しているからです。

そしてまた、**「感謝」**と**「敬意」**は、わざとらしいくらいに**伝えなければ伝わりません。**その意味でも、語ることは重要です。

1年後、もっとすごい自分でいるために

　人生は選択の連続です。特に20代で、苦しいが達成できたら嬉しいと思える選択をどれだけできるか。

　人生で初めてホストをした時は冬でした。寒い、冷たい、逃げ出したい。キャッチをしながら何度くじけそうになったか。アリとキリギリス、ウサギとカメを常に思い出して奮起してました。

「今頑張れば1年後お客さんがどの時間にも来てくれる自分でいられるかもしれない。でも、今頑張らなければ来年の今頃も寒空の下、同じことの繰り返しだ」

　そして先輩からの教えでこんな言葉もありました。

「休むことは簡単だ。だけど1日休めば3日、1週間休めば3週間取り戻すのにかかる」

　後退することがとにかく恐怖だった私、せっかく積み上げたものを崩される、壊されるのはたとえゲームのデータであっても大嫌いな私には、この言葉がずっと心に刺さり続けていました。

「確かに、眠いかもしれない。明日も忙しいかもしれない。それでも1年後もっとすごい自分でいるためには？？」

　そう問いかけて日頃の行動原則を定めていました。夢を大きく持ち、そこに近づこうとする毎日だったのです。

共感してくれる人を捕まえ、夢を語れ

　坂本龍馬という時代の傑物を読み解いて得られる結論も、人を動かし、組織を動かし、国まで動かすのは結局人だということです。
　ではその人はいったい何をしたのか？

「夢を大きく持ち、ビジョンを描き、発信し続けた」

これに尽きます。

タスクワークをこなせる人は世の中にいくらでもいます。しかし、プロジェクトワークを続けている人は驚くほど少ないのです。

夢を語り、ビジョンを語り続ける時間がとても重要です。仕事の話をするのではありません。

とにかく自分たちがどのようになっていきたいかを描き語り続けるのです。

まずは身近な人に向かって、自らがなっていたい人物像を、片っ端から語り続けてみてください。私も面接時に、初対面の人に、飲み屋で出会った方々に、場所も場面も構わずに語り続けています。

磨かれ、味方が現れ、いつのまにかあなたの周りには同志が増えているはずです！

第 4 章

言葉にできなければ意味がない

本章では、私がこれまでに実際に発言した、WEBで発信してきた言葉の一部をまとめました。ホスト現役時代からとにかく私はメモをとりました。時に手帳に、時に携帯に、時にPCに。

いくら考えたって、言葉にできなければ意味がありません。本章を読んであなたがすべきは、まずその感情を言葉にすること。紙に書いてみたり、SNSやブログで発信したり、誰かに話してみることです。積み重ねた言葉こそが、成功への礎となるのです。

host 2.0
RYUSEI KUWATA

ボクサーは手数、ホストは口数。

KNIGHT

とにかく話せ。
そして話せるように日頃から言葉に敏感になれ。

いつも忙しぶれ。

15分刻みで、仕事の予定を埋めまくれ。遊びでもいい。
スケジュール帳は必ずいっぱいにしろ。
悩む人は暇な人だ。

やりたいことを
やるのが仕事。

やりたいことをやり続けていくと、
やれないことにぶち当たる。
ここで、やれないことをただ諦めるのではなく、
やれるためにはどうすればいいか工夫する。
いろんな角度から想像し、
人に聞いたり自分で調べたりする。
その時間こそが仕事であり、一番楽しい時間になる。

モチベーションは
48時間で下がる。

仕事はモチベーションでしてはいけない。
内なる動機、習慣でやること。

汗を出せ。

頭で考えているうちは、行動していない。
まずは行動すること。
変わろうと思った時が変わる時だ。
能力なきものは汗を出せ。
能力あるものは世に知らしめろ。

自分が苦手だと思う人に好かれろ。

子供の頃苦手だった食べ物でも
大人になったら好物になっていた、みたいな話は多い。
それと同じく、今の自分が苦手でも、
どうやったら気に入ってもらえるかを研ぎ澄ませば、
その人しか知らない新しい世界と出合える。
自分が苦手だと思う人に、自分と似た人はいない。

こだわっているか?

売れている人と売れていない人の違いは
一言で言うと「こだわり」だ。
売れている人は、朝起きて、夜帰るまで
すべての行動に理由がある。
今日何をどの順番で食べる、
どのタイミングで髪の毛を触る、までこだわろう。

1日を
2回楽しめ。

1日を1部2部に分けて、
「仕事:仕事」でも、
「仕事:プライベート」でもいいから楽しむ。
すると、人生が倍楽しくなる。

息継ぎしている
暇はない。

インスタをやっていてすごくよかったのは、
身内・友達・知り合いが
頑張っているところを
切り取って見られること。

見えない努力は
必要ない。

努力している自分を演じて
見せる努力に変換する。
すると勝手に味方が増えていく。

孤独な金持ちには
なりたくない。

気の合う仲間、
高い目標を持つ仲間同士で
老後までやり遂げたい。

闇がある人こそ
面白い。

どんな人にも闇があり、
闇があるからこそ面白く、
興味が湧く人間になる。
闇のない人は聖人にでもなればいいし、
闇は愛すべき部分だと俺は思う。

朝起きたら1分間何者になるべきか考えろ。

お金持ちは普通の人に興味ない。
お金を稼ぎたいなら、
普通から脱却しよう。

信頼は、スピードで勝ち獲れ。

返信が早い人＝信頼を勝ち取ろうとしてるスタンス。
返信が遅い人＝やる気がない、関心がないスタンス。

木こりは
錆びた鋸で、
木を切り続ける。

「研いだ方がいいよ」と声をかけても、木を切り続ける。
「今木を切ってるので忙しいから」という理由で。
自分を研ぐ時間を作れ。
忙しく働くだけではなく、
時に人の話に耳を傾け、発見し、自分を磨け。

修羅場に飛び込め。

若いうちは、恥ずかしい！　わからない！　苦しい！
この場にいたくない！　って修羅場の
場数をいかに踏むかだ。
今の自分は恥ずかしいことだらけの20代を経て作られた。
もちろん30代でも、恥ずかしい！　わからない！
の修羅場に自ら身を投じ続けるのみ。

自己を
アップデート
し続けろ。

やってもないことに苦手意識を持つことほど
人生損してることはない。
なんでも飛び込んでやってみれば
新たな自分を発見できる。
進化し続けることこそ、人生の喜びではないか。

凹んだ時は、
とことん凹め。

誰も最初は自信なんてない。
行動しまくってしまくって初めて、
自信はみなぎってくるものだ。

引きずられるな。

俺が一番最初にホストをして感じたノウハウ ──
（1）たった一度や二度の失敗、
　　　1人や2人に嫌われることに引きずられない。
（2）10人中9人に嫌われても
　　　100人中10人に好きになってもらう。
（3）とにかく場数を踏む。
　　　嫌われに行って好きになってくれる人を探す。
（4）嫌われる人と好かれる人がいることによって初めて、
　　　自分の魅力がわかってくる。

当たり前にこそ、
疑いの目を向けろ。

そして同時に、
当たり前にこそ感謝すべきだ。

正解なんて
誰が決める?
「俺は俺」だ。

日本では、
正解を出すことを一番としている人が多すぎる。
正解とは何か。誰が決めたことなのか。
親なのか友人なのか、世間体なのか。
その誰かに怒られたくない、
指摘されたくないという思いから来てる考えだと思う。
私の会社でも、ホストでも社員でも正解を求め、
間違うことを嫌う人が圧倒的に多い。
学習塾でも、この正解を追い求めることを
徹底管理している。
ただ、この根本的な思考回路を取っ払えた時、
自己改革が起きる。俺は俺なんだと。
間違ってしまうことすら正解になりうる。
他人の目を気にせずやりたいことをやり切って、
自分自身を正解にする。
それこそが社会に求められていること。

愛されることだけ
考えろ。

どんなに頑張っても、
万人に愛されるものは作れない。
ならば、どんな人に愛されたいかだけを
考えて作ればいい。

ライバルは
ルーニーだった。

敵は誰か、ライバルは誰か？
同じ店のヤツか、同じ業種のヤツか？
俺は20歳でホストを始めた頃、
同い年のルーニーが週給1260万円稼いでいたから、
ライバル認定してやった。今のライバルはZOZOの前澤社長。
この広い世界、
どこを向いているかで自分の大きさが決まる。

成果を出すことと、正当な理由は相反する。

どんな理由があったとしても、
世の中には成果を挙げている人がいる。
成果を出さねばならない時がある。
どんなに電車が遅れたって、途中気分が悪くなったって、
遅刻せずに出勤した者が勝つ。

覚悟が効率を上げる。

どんな仕事をしていても、成功するしないは別として、
やるかやらないかの覚悟を決めるだけで
その後の仕事効率は格段に違う。
スピード感は、勢いって言葉以上に重要。

裸になれ!

メンタルが弱いとか、人見知りですとか、
枕詞を使って話してくる人はたいがい自分が大切。
人に悪く思われたくないからと、
余計なプライドが邪魔して、
結果的にうまくコミュニケーションを取れない。
自分以外の人を本気で楽しませようとか、
自分以外の人を本気で大切に思えば、
なりふり構わず振る舞えるはず。

何かで勝てばいい。

1つのことで負けたって、別のことで勝てばいいし、
別のことで勝ったら、前は負けていたことでも
勝てるようになっていることもある。
負けに固執せず、自分の強みを探し続ける方が吉。

完璧は必要ないが
最高を目指せ!

この世の中、ほとんどが不完全な人間だ。
環境も然り。完璧な瞬間はあっても
常に完璧な状態なんてありえない。
だから俺たちホストは、
完璧なお客様を求めてはいけない。
しかし、お客様は最高の瞬間を求めて来る。
だから俺たちは、完璧は無理でも、
最高を目指さなければならない。

見たい景色を
見ればいい。
なるべき自分を、
決めろ。

No.1は、
孤高の存在。

店への批判を
自分のことのように理解し、
結果を出し続けなければならない
重圧に耐える。
さらに上へ、上へ、と
数字に固執し始める。
しんどいはずだ。
でも、その先の景色は、
「選ばれた者」にしか見られないのだ
と信じて、楽しみ抜け。
やり抜け。

おわりに

Over the Limits...

生への無気力がバネになった

　私は学生時代、第1章に書いた通り、ほとんどと言っていいほど何も残してきませんでした。親が高い学費を払っているにもかかわらず、これといった成績も残せませんでした。

　そしてホストになり、「お金」は得ることができましたが、両親共働きで3人の子供を養った親の苦労をねぎらうには「地位」も「名誉」も足りませんでした。

　別に「地位」や「名誉」にコンプレックスがあるわけではありません。でも、プライドの高い両親に、私を産んで育ててよかった、と思わせるには必要な要素でした。

　お金があって、地位や名誉を獲得する。それにはまず「起業」だったのです。

　そして、親にも先生にも同級生にも認められなかった自分の

無気力さを二度と味わわないため、歌舞伎町というホスト5000人の舞台から、「日本の経営者」というライバル200万人がいる舞台へチャレンジの場を移したのです。

そういえば、いつからか気づいたことがあります。

「事実は小説より奇なり」

昔はあれだけ好きだった漫画や映画などのフィクションも、今は、本当に暇な時しか読んだり観たりしなくなりました。なぜなら、自分の身に現実で起こっていることの方が、何倍も面白いと思うからです。

自分の幼少期、成長期に起きた無力さ、理不尽さを忘れずに内なる炎を燃やし続け、ようやくホストという通過点で手にした道具＝お金によって社長になれたのです。

歌舞伎町が見せてくれた景色

私という人間を形作っているものは、周りの人たちだけではありません。

どこかでお茶した際に気前よくコーヒーを出してくれたウエ

イトレス。歌舞伎町に来たばかりの時に生活の面倒や仕事のいろはを教えてくれたキャバ嬢。街で寝っ転がっていたホームレス。家の近所でよく悪い遊びばっかり教えてくれた友達のにいちゃん。お金を貸してくれたギャンブル仲間。ホストをやって多少稼げるようになって始めたゴルフとそこで出会った人たち。

　出会いは重なり、出会いの数だけ人は何者にでもなれます。

　人だけではありません。高校時代になんにもない自分に気づき、未来を描けず途方にくれた時の夕焼けの空。深夜にやることがなくて毎日のように部屋にこもって見ていた映画の数々。学生時代にお金がなくて漫画を読み漁りまくったブックオフ。

　よく、旅はどこかへ行くことだって言う人がいます。
　でも私は歌舞伎町での無数の人たちとの出会いも旅だったと思うんです。街にいるだけで旅をしている。旅は出会いの数のことを言うのなら、この街はそう悪くない景色を見せてくれています。

　そして今は、日本中、世界中の人たち相手に歌舞伎町から出会いまくる旅（＝仕事）が始まっています。

おわりに

ホストクラブを日本最高のエンターテインメントへ

　平成最後の年。「TOKYO2020」に向けて、インバウンドという言葉が叫ばれて久しいですが、新しい観光を考える今の動きがそれほど革命的で活発だとは、私にはとうてい思えません。
　漫画、アニメ、京都、富士山、家電、着物……既存のシンボルを繰り返し提示し、消費させようとしているようにしか思えないからです。

　本当にそれでいいのでしょうか？　日本的なエンターテインメントって、他にないですか？　もっともっと日本人を奥底まで知らしめる心のエンターテインメントってないですか？？

　あります。それが歌舞伎町、接客型エンターテインメント「ホストクラブ」です。

　実は今、中国人のお客様に少しずつですが、ちらほらご来店いただいています。なかなか言語の問題もあり一筋縄ではいきませんが、きっと歌舞伎町のホストクラブは、日本の１つの文化として、「日本に来たらホストクラブを楽しまないと嘘でしょ！」と海外の旅行者たちが思うような、素晴らしい財産になるはずです。

考えてみたら、舞妓・芸妓だって300年ほど前の江戸時代に、水茶屋で参拝客や旅人にお茶や団子を提供していたものに、やがて料理や酒が加わり、その店で働く彼女たちが、歌舞伎芝居を真似して三味線や舞踊を披露するようになったものです。たかだか300年なんです。

　ホストクラブは、1964年に開催されたオリンピック後の1965年に発祥しました。当時の経済的余裕のある財界人の妻や旅館の女将などの、主人が忙しいから一緒に踊ってくれる人やそのための社交場が欲しいという要望により始まったれっきとしたビジネスなんです。

　それだけに、私はＮＧＧの運営をとことんビジネスとして突き詰めて、なおかつクリーンに、そして組織マネジメントを異業種にも魅力的に見えるよう行っております。

　何より私自身、反社会的勢力との断絶、自己資本による無借金経営、1年1店舗 or 1年異業種展開、給料体系の一元化（やったらやった分還元）、ITシステムによる管理コスト軽減、最新のWEBマーケティング、無意味に思われるけど面白いコンテンツ（ニュージェネ体操、ハロウィン歌舞伎町ジャック等）、継続的な情報発信などを、20代前半から一貫してやり続け、自己研鑽(けんさん)に努めています。

おわりに

　歌舞伎町は楽しい。もちろん騙し騙されもあるけれど、それを含めて、こんなにも「人」の深奥まで覗き見ることができ、こんなにも喜怒哀楽を楽しめる場所は、他にない。

　そう皆さんに感じていただけるよう、私はＮＧＧの代表として、そして歌舞伎町の未来を背負う一人として、これからも「ホストクラブとは何か、エンターテインメントとは何か」「感情を動かすこと」を突き詰めていきます。

　人を動かすのは光か闇か？　単になんでもOKのいい人だけでは成功できないのがホストの世界であり、経営者の世界です。凍った女性の心を癒すのはキラキラ輝くホストではなく、さらに闇が深い人格者ということだって大いにあるのです。

　辛いけどこの人の痛みに比べれば大したことないのかも、と思わせれば希望に変わります。順風満帆に歩んでいる人の人生じゃドラマにならないのです。

　私は覚えていないのですが、今でも働いてる社員の一人によくされる話があります。彼を面接した時に「僕、母子家庭なんですよ」と言われた私は、「あーよくいるやつねー、自分だけ不幸だと思ってんのか？（笑）」とあっけらかんとケラケラ笑い

ながら返したそうです。彼はそれを聞いて、あーなんかどうしょうもないことにとらわれていたな、と吹っ切れたそうです。

接客にしても、マネジメントにしても、親身になるだけが正解ではない。それまで生きてきた経験を糧に常に目標を高くして生きてさえいれば、どうでもいいことに目が向かなくなるのです。

本書の執筆に関しては本当にたくさんの人たちにお世話になりました。

何よりも本書版元の幻冬舎を紹介してくれた武田塾の林尚弘社長。このたびは大変ありがとうございました。林社長のおかげでこうして出版もでき、様々な人との縁が広がりました。ビジネスを通じて1つの方向へ向かう楽しさを再認識させていただきました。他業種ながら本当に尊敬の念がたえません。

また、私事となりますが、2018年末に結婚いたしました。100億コミットすると決めた時に、結婚を決意しました。仕事をとにかく成し遂げたい、そのために側にいてくれる妻の絵里香の存在はかけがえのないものでした。現在もわがままを言い続けて、自分のやりたいこと以外の家事全般をほとんどまかせてしまっています。感謝しきれません。ありがとう。

最後に。今ホストクラブやキャバクラ、水商売で働いているすべての人たちへ。

君たちの未来は絶対に明るいし、努力すればするほどこんなに結果が出る業界は他にありません。この本に書いてあることから、少しはヒントが見つかると嬉しいです。そしてもし今の職場がつまらなかったら、遠慮なくＮＧＧの扉を叩いてください。

そして読者の皆さん。ホストクラブって、なんだかすっごく楽しそうでしょ？　ぜひ一度、遊びに来てくださいね。本書を見て私と働きたくなった人は、応募時に伝えてもらえれば直接面接いたします。LINE＠でもどうぞ。

それではまた。

桑田龍征

桑田龍征 LINE@ はこちら↓

(読み取り方)スマートフォンでLINEを起動し「友だち→友だち追加→QRコード」とタッチ。QRコードリーダーが起動したら、左の画像を読み取ってください。

桑田龍征
RYUSEI KUWATA

1986年1月10日生まれ。33歳。
2006年2月、ギャンブルで作ってしまった80万円の借金を返すためにホストになる。めきめきと頭角を現し、1ヶ月の売上は1000万円超、歌舞伎町で1、2を争う人気ホストとなる。
08年7月、独立。NEW GENERATION GROUP(ニュージェネレーショングループ)を立ち上げ、「日本初! 現役大学生ホストクラブオーナー」としてメディアに注目される。
その後も「日本初! YouTuberとコラボしたホストクラブ」「業界初!東京ディズニーシー・ホテルミラコスタで表彰式を行ったホストクラブ」として業界の常識を塗り替え続けている。また、ホストクラブ5店舗の他にも、バー3店舗、学習塾3校舎、ワインインポート事業、不動産仲介業、WEBコンサルティング業など法人を10社経営(2019年2月現在)。
グループは年商100億円を目指し右肩上がりの成長を続けている。

ホスト2.0
歌舞伎町新時代の稼ぎ方

2019年2月25日　第1刷発行
2019年3月15日　第2刷発行

著　者　桑田龍征

発行者　見城　徹

発行所　株式会社 幻冬舎
　　　　〒151-0051　東京都渋谷区千駄ヶ谷4-9-7
　　　　電話　03(5411)6211(編集)
　　　　　　　03(5411)6222(営業)
　　　　振替　00120-8-767643

印刷・製本所　図書印刷株式会社

検印廃止

万一、落丁乱丁のある場合は送料小社負担でお取替致します。小社宛にお送り下さい。
本書の一部あるいは全部を無断で複写複製することは、法律で認められた場合を除き、
著作権の侵害となります。定価はカバーに表示してあります。

©RYUSEI KUWATA, GENTOSHA 2019
Printed in Japan
ISBN978-4-344-03433-4 C0095
幻冬舎ホームページアドレス　http://www.gentosha.co.jp/

この本に関するご意見・ご感想をメールでお寄せいただく場合は、
comment@gentosha.co.jpまで。